EGYPTSKÉ MUMIE
EGYPTIAN MUMMIES

Jiří Bučil – Lubica Oktábcová – Pavel Onderka – Jakub Pečený – Evžen Strouhal

Národní muzeum
2011

Jiří Bučil – Lubica Oktábcová – Pavel Onderka – Jakub Pečený – Evžen Strouhal

EGYPTSKÉ MUMIE / EGYPTIAN MUMMIES

Recenzenti / Reviewers: Jana Mynářová, Emily Cole

ISBN 978-80-7036-309-6

Slovo úvodem

Přestože uplynulo již mnoho let ode dne, kdy Jean François Champollion rozluštil tajemství hieroglyfů, starověký Egypt a jeho kulturní odkaz se stále těší velkému zájmu široké veřejnosti po celém světě. Jinak tomu není ani v České republice, která má dlouhou tradici sběratelství egyptských starožitností a která se může pyšnit dlouhou historií archeologických výzkumů v údolí Nilu. Nejstarší egyptské starožitnosti se na území dnešní České republiky dostávaly v době rudolfínské. Již od těchto dob se synonymem starého Egypta staly mumie uložené v rakvi, které v pozdějších dobách – na konci 18. a v průběhu 19. století – byly součástí sbírek, jež si ze svých návštěv Egypta přiváželi šlechtici a později také soukromé osoby a které se následně staly základem egyptských sbírek Národního muzea.
Náprstkovo muzeum asijských, afrických a amerických kultur, složka Národního muzea, je jedinou institucí v České republice, která spravuje reprezentativní sbírku egyptských a núbijských starožitností. Dílčí části této sbírky jsou veřejnosti pravidelně prezentovány prostřednictvím tematických výstav konaných ve vlastních prostorách, ale i mimo ně.
Výstava „Egyptské mumie", u jejíž příležitosti je vydávána tato publikace, se však od předešlých liší tím, že se ani tak nezabývá hmotnou kulturou starého Egypta, ale snaží se nahlédnout do života těm, kteří za touto kulturou, jež je právem považována za kolébku naší vlastní civilizace, stáli, a kteří ji během svého života pomáhali spoluvytvářet.
Do sbírek Náprstkova muzea se různými způsoby dostalo celkem deset egyptských mumií, tedy tělesných ostatků starých Egypťanů. Ty se v roce 2009 – již podruhé v historii – staly předmětem studia společného výzkumného multidisciplinárního projektu Národního muzea a Diagnostického centra Mediscan, člena Euromedic Group.
Výstava „Egyptské mumie" představuje pro obě instituce první příležitost, kdy mohou představit své výsledky a řadu důležitých zjištění, jež byly učiněny v uplynulých dvou letech. Málokdo si uvědomuje, jak významné poselství dnešku staří Egypťané zanechali a kolik se můžeme dozvědět prostřednictvím studia jejich odkazu, ale i jich samotných.

Foreword

Many years have passed since the day when Jean Francois Champollion deciphered the mysteries of hieroglyphs; however, ancient Egypt and its cultural heritage still attract large audience all around the world. The Czech Republic is not an exception due to a long tradition of collecting ancient Egyptian antiquities, as well as extensive and proud history of archaeological field work in the Nile valley. The earliest Egyptian antiquities were coming to the Czech Lands during the era of Rudolph II. From these times on the mummies laid to rest in coffins have become the symbols of pharaonic Egypt. At the end of 18th and during the 19th centuries, the mummies with coffins became the fundaments of collections members of aristocracy and later private persons brought from their visits to Egypt. Such a collecting resulted into the establishment of the National Museum's Egyptian collection.
The Náprstek Museum of Asian, African and American Cultures, a section of the National Museum, is the only institution in the Czech Republic which manages a representative collection of Egyptian and Nubian antiquities. Individual parts of this collection are presented to the public by means of thematic exhibitions, held either in the Museum's premises or in other institutions.
The exhibition "Egyptian Mummies" on the occasion of which this book is published differs from the previous ones markedly. It is not primarily focused on the material culture of Egypt. It tries to give an insight into the lives of those who stood behind this culture which is deservedly considered the cradle of our own civilization and who – during their lifetimes – participated on its progress.
Ten mummies, or more precisely human remains of ancient Egyptians, found various ways into the collections of the Náprstek Museum. In 2009, these became, for the second time, a subject of a multi-disciplinary research project partnered by the National Museum and the Diagnostic Centre Mediscan, a Euromedic Group member.
The exhibition "Egyptian Mummies" is understood by both involved institution as the very first occasion to present results and important discoveries which were made during two past years. Only few can do realize the importance of the message left by the ancient Egyptians to the present and how much we may learn by studying not only their legacy, but by studying themselves.

PhDr. Michal Lukeš, Ph.D.
generální ředitel Národního muzea
General Director of the National Museum

Slovo úvodem

Novodobé archeologii se už podařilo sestavit velkou část mozaiky poznání o starém Egyptě, přesto toho o něm ještě hodně nevíme. Jedno je však jisté. Stará egyptská civilizace byla velmi vyspělá. Patrně mnohem vyspělejší, než si vůbec umíme představit. I sami o sobě si myslíme, že jsme vyspělí. Bezpochyby máme ohromné vědecké a technické prostředky, které ovlivňují každou vteřinu našeho života. Dovedeme odhalit mnohá tajemství, která lidem zůstávala po staletí ukrytá. Umíme postavit metra a mrakodrapy, šplhající se až do nebes. Optimisté odhadují, že při veškeré péči o ně, budou stát možná i sto let. A potom?
Jak je možné, že naši předchůdci na Nilu uměli vytvořit stavby, nad nimiž se nám i dnes tají dech a které přečkaly tisíciletí? Jakými prostředky disponovali? A jaké bylo skutečné tajemství jejich civilizace? A proč nakonec jejich společnost zmizela, podobně jako řada jiných?
Správně cítíme, že zde stále zůstává jakési ohromné tajemství, které jsme zatím nepochopili. A bez něj, byť by to byl poslední kamínek, nebude ona mozaika poznání nikdy hotová. A právě proto se snažíme se svou moderní technologií pomoci dále odhalovat taje skryté v odkazech předků a posouvat se blíž k vytouženému cíli. Je zde jistá paralela – dnešní moderní technologie určená především k léčení lidí, jakou je výpočetní tomografie, tedy CT, pomáhá nahlédnout do minulosti, která byla možná v mnohých směrech ještě vyspělejší, než je naše současnost. A přes to všechno zanikla: Kéž bychom pomohli najít odpověď na otázku, proč tomu tak bylo. Snad bychom se dokázali vyhnout podobnému osudu. Když se ale podíváme na neduhy dnešní lidské společnosti, na její odcizení, na likvidaci elit a všudypřítomnou byrokracii vkrádající se nenápadně a soustavně do našich podvědomí, zbývá i nejzarytějšímu optimistovi málo prostoru pro uplatnění jeho přirozenosti. Přesto to zkusme. Přes poznání, moderní technologie a nadšení pojďme vstříc k odhalení starého tajemství, které nám může ukázat tu správnou cestu pro nás...

Foreword

Modern archaeology has made considerable contributions to our knowledge of ancient Egypt. There are now many pieces added to the historical puzzle, albeit we are still missing many really crucial ones. However, one piece of knowledge is certain and clear – the ancient Egyptian civilization was very sophisticated, perhaps more advanced than we have ever imagined.
We consider ourselves very sophisticated and advanced indeed. No doubt, we have excellent technologies and science at our disposal, and can influence every second of our life with them. We are capable of scientific discoveries, which were beyond reach of imagination, let alone reality, for centuries. We build underground railways and skyscrapers touching the sky, which, with an optimistic prognosis and much care may last for a hundred years. What comes next?
How is it possible that our predecessors by the Nile built edifices, which still make us wonder and which last millennia? What did they use? What was the real mystery of their civilization? And why did it eventually dissolve like so many others?
We cannot miss the real mystery, which we still fail to grasp. Without this knowledge, the puzzle will still lack its most important piece. This is why we try, with the help of modern technologies proper to our age, to uncover the secrets of our ancestors and move toward our desired scientific goal. There is a certain similarity – a very contemporary technology, the computer tomography, helps us to open a window into the past, a past that had its own ways of sophistication not directly comparable to ours. And yet, it ended. I wish we knew why it happened. Maybe it would help us to avoid the same fate. However, when we observe our own society and notice the estrangement in our lives, the disappearance of our elites and an omnipresent dull bureaucracy creepily permeating every aspect of our existence, there is not much space left, even for the most optimistic among us, for a human individuality. Still, we are allowed to try. Let us start the journey to the past, helped by our modern technology, and let us attempt to find a better way for ourselves...

MUDr. David Karásek
MEDISCAN GROUP s.r.o., člen skupiny Euromedic
MEDISCAN GROUP, Ltd., a Euromedic Group member

Mumifikace ve starém Egyptě

Pavel Onderka

Staří Egypťané buď necítili potřebu, případně záměrně nezanechali popis postupů užívaných při mumifikaci. V hrobkách soukromníků z různých historických epoch egyptských dějin se sice čas od času takové vyobrazení objeví, avšak jedná se pouze o jednotlivosti, které pomáhají dotvořit mozaiku našich celkových znalostí. Dalším zdrojem poznání jsou texty na několika papyrech z Řecko-římské doby. Detailní popis mumifikačních postupů pochází teprve od řeckých a římských návštěvníků země na Nilu, především Hérodota, jenž ve svých *Dějinách* popisuje tři cenové třídy mumifikace. Největší objem poznání nám však přináší moderní výzkumy samotných mumií, které mají i v českých zemích poměrně dlouhou tradici.

Počátky zatím jen kvazi-vědeckého zájmu o staroegyptské mumie sahají až do 13. století n. l., kdy arabský lékař Abdel-Latif (1162–1231) uveřejnil studii o užití bitumenu a pryskyřice v lékařství. Asociace mezi těmito látkami a látkami, s nimiž se lidé setkávali na mumifikovaných tělech a obinadlech starých Egypťanů, měly za následek, že počínaje 14. a 20. stoletím konče byl mumiový prášek (především pak tzv. *mumia vera Aegyptiaca*) hojně užíván v evropském lékařství. První, kdo vyjádřil skepsi ohledně účinku mumiového prášku, byl francouzský lékař Ambroise Paré (1510–1590). Egyptské mumie se dočkaly vědeckého náhledu teprve v souvislosti s Napoleonovou výpravou do Egypta (1798–1801). V rámci monumentálního díla Description de l'Égypte byla publikována první vědecká studie o staroegyptské mumifikaci. Napoleonovu pádu následovalo období, kdy se egyptské mumie stávaly součástí kabinetů kuriozit. Oblíbenou zábavou vyšších kruhů bylo vybalovaní mumií z obvazového materiálu. Ke zlomu došlo teprve v roce 1896, kdy Wilhelm Conrad Röntgen (1845–1923) objevil paprsky, které nesou jeho jméno. Jen několik málo měsíců po tomto zlomovém objevu byl roentgen použit k neinvazivnímu výzkumu staroegyptského mumifikovaného materiálu. Teprve v průběhu 70. let byl klasický roentgen nahrazen novou radiologickou metodou – +počítačovou tomografií.

Mumifikace ve starém Egyptě prodělala poměrně dlouhý a komplikovaný vývoj. V Předdynastické době byli mrtví ukládáni do pohřebních jam hloubených v pouštním písku. Toto suché prostředí vedlo k jejich přirozené mumifikaci.

Mummification in Ancient Egypt

Pavel Onderka

Ancient Egyptians left no direct testimony concerning their art of embalming. Their reticence might have been either an accident or purposeful. Non-royal tombs sometimes show various stages of the embalming process, although this is usually a kind of "snapshot", a single piece of a puzzle, to be complemented by other evidence. A major source of knowledge can be found in some Graeco-Roman papyri and detailed descriptions of mummification procedures were provided by Greek and Roman visitors to Egypt, above all Herodotus, whose *Histories* suggested the existence of three different categories of mummification with differing costs. However, it is recent research, which provides the most detailed information. The research on Egyptian mummies has a relatively long history and it has involved Czech science for some time.

A pre-scientific interest in the mummies can be found as early as in the 13th century, when an Arab physician Abd al-Latif (1162–1231) published a treatise on bitumen and resin and their use in medicine. An association of said substances and of substances found on ancient Egyptian mummified bodies caused an interest in mummies from the 14th century onwards and until the early 20th century, "mummy powder" (especially a variety known as *mumia vera Aegyptiaca*) was used in the European pharmacopoeia. The first to doubt its healing qualities was already Ambroise Paré (1510–1590), the celebrated French surgeon. However, it was only in times of the Napoleonic expedition to Egypt (1798–1801) that Egyptian mummies were analysed in terms of modern science and the first analytical study appeared within the monumental multivolumed opus *Description de l'Égypte*. A Napoleonic Egyptomania successfully followed that unsuccessful military expedition and Egyptian mummies became part of European collections. A mummy unwrapping was considered a popular pastime of certain social circles. However, an unwrapping as a part of an evening program in a noble household was a rather different event than an attempt to research a mummy, albeit with invasive methods.

The methods of mummy research waited for a watershed till 1896, when Wilhelm Conrad Röntgen (1845–1923) discovered X-rays. A few months after the breakthrough discovery the new method was applied to the first non-invasive study of ancient mummies. X-ray technology dominated mummy research till the 1970s, to be replaced only by CT scans.

The art of embalming in ancient Egypt had a long and complex history. The majority of Predynastic burials were only

V souvislosti s procesem sjednocování Egypta na sklonku 4. tisíciletí př. n. l. se objevují nejstarší jednoduché hrobové komory, které zabránily průběhu přirozené mumifikace, a muselo tak být přistoupeno k mumifikaci umělé. Ta se plně vyvinula během Archaické doby (asi 3150–2387 př.n.l.). Vyjímání vnitřních orgánů z těla zemřelého (nejdříve z dutiny břišní a hrudní, později i lebeční) bylo zavedeno v průběhu Staré říše (asi 2687–2191 př.n.l.). V tomto období se také začaly vyjmuté vnitřní orgány ukládat do tzv. kanopických nádob. Velké úsilí bylo věnováno tomu, aby mumie získaly co nejvěrnější podobu živého člověka. Od této praxe bylo opuštěno během První přechodné doby (asi 2687–2061 př.n.l.), kdy na obvazy mumie byla nanášena vrstva štuku a mumie byla opatřena obličejovou maskou. Tento trend pokračoval po celou dobu Střední říše (asi 2061–1664 př.n.l.) a Druhého přechodného období (asi 1664–1569 př.n.l.). V době Nové říše (asi 1569–1069 př.n.l.) mumifikátoři již znali celou škálu metod a postupů a díky územní expanzi egyptské říše měli snadný přístup k dovozovým mumifikačním materiálům. Mumifikační techniky dosáhly svého vrcholu během Třetí přechodné doby (asi 1069–715 př.n.l.), kdy byla mrtvým tělům téměř navracena jejich původní podoba. Vnitřní orgány nebyly umísťovány do kanopických nádob, ale byly vraceny zpět do těla (většinou do hrudního koše) zabaleny do textilních balíčků. Do očnic se vsazovaly náhrady v podobě umělých očí a tělo bylo barveno (mužské červeně, ženské žlutě). Mumie z Pozdní doby (asi 715–332 př.n.l.) se vyznačují nadměrným užitím pryskyřice. V Řecko-římské době (332 př.n.l.–395 n.l.) se již nevěnovalo ani tolik pozornosti samotnému ošetření těla, ale vnějšímu vzhledu mumie.

Zvláštní kapitolu v rámci staroegyptské mumifikace představují mumifikovaná zvířata, se kterými se také setkáváme od nejstarších období staroegyptských dějin. Rozlišujeme celkem čtyři druhy zvířecích mumií: 1) zvířata a jejich části vkládané do hrobu zemřelého člověka coby potrava pro život na onom světě; 2) mumie zvířecích miláčků; 3) zvířata, která byla přinášena do chrámu coby votivní oběti a 4) v neposlední řadě také mumie kultovních zvířat, personifikací jednotlivých božstev. K rozvoji zvířecích kultů došlo v závěrečných obdobích egyptských dějin – v Pozdní Řecko-římské době, kdy tyto kulty byly symbolem národní identity.

Mumifikace lidských jedinců ve své nejsofistikovanější podobě sestávala z několika fází. Během úvodní fáze, která probíhala snad v dočasném přístřešku v blízkosti řeky, případně u kaná-

simple pits with bodies and a few pieces of burial equipment. Cemeteries were located in the desert and this arid environment led to a process of a natural mummification.

New cultural and architectural developments in a united Egypt at the end of the 4th millennium brought new forms of simple tombs. In the absence of arid sand, the natural mummification process was abandoned and new embalming technology had to be developed. Its progress began in earnest during the Archaic period (ca 3150–2387 BCE); internal organs started to be removed from body cavities during the Old Kingdom (ca 2687–2191 BCE) and were placed in canopic jars. The bodies were made to resemble a living human being as closely as possible and so the body was remodelled in painted stucco. This approach was abandoned during the First Intermediate Period (ca 2687–2061 BCE), and later only a funerary mask was used. The same technology continued to be used during the Middle Kingdom (ca 2061–1664 BCE) and the Second Intermediate Period (ca 1664–1569 BCE). The New Kingdom (ca 1569–1069 BCE) embalmers used a new range of methods and due to the Egyptian imperial expansion they had easier access to various substances useful for innovative embalming processes, which were consequently more sophisticated.

Embalming technology peaked during the Third Intermediate Period (ca 1069–715 BCE). The mummified bodies of that era have an appearance extremely close to a living human body. The internal organs were not placed in the canopic jars but wrapped and returned to the body cavities. Eye sockets were filled with artificial eyes and the skin was coloured with a sort of makeup - a swarthy reddish brown for men, and the colour of pale gold for women.

The following Late Period (715–332 BCE) mummies show a superfluous use of resin and resinous substances and finally, in the case of Graeco-Roman (332 BCE to 395 CE) mummies, more attention was paid to the external wrappings and shrouds than to the actual technology of body preservation.

Animal mummies are a category of mummies on their own. We find examples of animal mummies from the earliest times of Egyptian history. There are altogether four categories of Egyptian animal mummies: 1) animal bodies, complete or parts thereof, used as food offerings for the deceased; 2) mummies of pets; 3) animal mummies serving as votive offerings; 4) mummies of sacred animals, manifestations of individual deities. The animal cults flourished especially in the Late and Graeco-Roman periods, when animal cults were a manifestation of Egyptian national identity.

The human mummification process in its most sophisticated form had several phases. The first consisted of ritual as well as physical

lu, bylo tělo zemřelého obnaženo a očištěno roztokem natronu. Během druhé a třetí fáze mumifikátoři vyňali většinu vnitřních orgánů (vyjma např. srdce nebo ledvin), aby zabránili hnilobným procesům. Ve většině případů byl vyňat také mozek skrze dutinu nosní nebo velký týlní otvor. Mozek byl rozdrcen pomocí kovového háčku a dutina lebeční vypláchnuta tekutinami. Lebka pak byla vyplněna pryskyřicí, látkovými smotky napuštěnými pryskyřicí, bahnem, případně pouštním pískem.
Orgány z dutiny hrudní a břišní byly vyňaty skrze otvor vytvořený řezem v levém podbřišku. Alternativou bylo rozpuštění orgánů pomocí jalovcového oleje a terpentýnu, které se vstřikovaly do konečníku.
Během čtvrté fáze byly vyňaté orgány a tělesné dutiny vypláchnuty sterilizačními látkami. Vnitřní orgány (plíce, játra, žaludek a střeva) byly samostatně ošetřeny a následně uloženy do nádob zvaných kanopy, případně zabalené v balíčcích navráceny do těla. Záštitu nad těmito čtyřmi orgány měli čtyři démoni – synové boha Hora – Amset, Hapi, Kebehsenuf a Duamutef.
Časově nejnáročnější šestá fáze spočívala v celkovém vysušování těla pomocí suchého natronu uloženého v balíčcích.
Po vysušení svalů a kůže byl během šesté fáze do tělesných dutin a otvorů vpraven vycpávací materiál (hlína, písek, textilní smotky nebo pryskyřice), jenž měl umožnit, aby se tělu navrátil původní tvar. Tělo bylo pomazáno různými oleji a mastmi, jež měly zabránit vnikání vlhkosti do mumifikovaných tkání.
V poslední fázi bylo tělo zabaleno do vrstvy obinadel, do nichž se vkládaly amulety poskytující magickou ochranu zemřelému. Tělo mohlo být dále zabaleno do rubáše, případně do kartonážového krunýře, který později nahradily kartonážové díly.
Délka mumifikace měla být ideálně sedmdesát dnů, které odpovídaly době, na kterou z oblohy zmizela hvězda Sirius, spojovaná z bohem Usirem, vládcem říše mrtvých. Známe však řadu případů, kdy tomu bylo výrazně déle.

cleansing of the deceased body with a natron solution; the procedure could have been undertaken in a temporary shelter close to a source of water such as the river Nile or an irrigation canal.
The second and third phases included the removal of organs (usually only the heart and kidneys were left in place). In most cases, an excerebration (brain removal) was performed as well, usually through the nasal cavity or through the foramen magnum. The brain was dissected and crushed with a metal hook and the cranial cavity was rinsed out and filled with resin, a textile saturated with resin or alternatively with clay or sand.
The thoracic and abdominal cavity organs were removed through an incision usually placed in the left half of the lower abdomen. Alternatively, the abdominal cavity contents could have been liquefied with the help of a mixture of turpentine and juniper oil injected through the anus.
The fourth phase then included rinsing out the body cavities as well as the removed entrails, which were embalmed separately and placed in their respective canopic jars or wrapped and returned into the body. The organs (and canopic jars) were protected by four sons of Horus, Amset, Hapi, Kebehsenuf and Duamutef.
The penultimate phase consisted of a drying process – the body was placed among bags full of dry natron. When the muscles and skin were sufficiently dry, a packing of the body cavities and modelling of the body took place. The cavities as well as short subcutaneous cuts were filled in with resin, clay, sand or resin soaked textiles in order to restore the original shape of the body. Finally the mummy was infused with resin to prevent humidity entering its mummified tissues, wrapped in several layers of bandages and provided with amulets intended to protect the deceased. The outermost layers of bandages were sometimes covered with a decorated shroud or a cartonnage, which could have covered most of the mummy or only parts (eg. face, hands, etc.).
The mummification process had an ideal duration of seventy days, corresponding to the absence of Sirius, a star most closely associated with Osiris in the Egyptian sky. Many known embalmings took considerably longer.

První výzkum staroegyptských mumií

Evžen Strouhal

Když jsem začátkem roku 1969 v Náprstkově muzeu asijských, afrických a amerických kultur, složce Národního muzea, zahájil činnost v nově založeném Oddělení pravěku a starověku Předního východu a Afriky a seznamoval se s jeho tehdy ještě skromnými sbírkami, uvědomil jsem si, že ze všech sbírkových předmětů nebyla do té doby věnována prakticky žádná pozornost jedné z jejích nejcennější kategorií – staroegyptským mumiím. Tyto unikátní tělesné pozůstatky lidí, kteří vytvořili v údolí dolního toku Nilu jednu z prvních velkolepých civilizací lidstva, byly ohroženy nevhodným uložením i vlivy zdejšího znečištěného podnebí. Některé z nich přímo volaly po okamžitém zásahu konzervátorů.

Jako lékař a archeolog zároveň jsem měl jedinečnou příležitost odhalit jejich zkoumáním mnohé z dosud nevytěženého zdroje poznatků o životě starých Egypťanů. K získání komplexních výsledků bylo třeba sestavit tým sestávající z odborníků z různých oborů. Výzkum, který proběhl v letech 1970–1974, představoval první svého druhu ve východní Evropě.

Laťka byla nastavena velmi vysoko – rozhodli jsme se zpracovat veškerý mumifikovaný materiál na území Československa. Výzkum byl zahájen dotazníkovou akcí, po které v letech 1970–1971 následoval svoz mumií z Čech a Moravy do Náprstkova muzea, zatímco za slovenskými mumiemi jsme dojížděli.

Vedle zevního ohledání se hlavní vyšetřovací metodou stala tehdy nejlepší dostupná radiologická metoda – standardní radiologie, tedy roentgen. Vyšetření roentgenem probíhala ve večerních až nočních hodinách na Radiologické klinice Všeobecné fakultní nemocnic a Fakulty všeobecného lékařství Univerzity Karlovy v Praze, aby výzkum mumií nenarušil jejich pravidelný chod.

Těžiště prvního výzkumu mumií v letech 1971–1973 spočívalo na tehdejších možnostech klasické radiologie. Jeho hlavními zásadami bylo snímkování každé mumie v celé její délce řadou předozadních snímků, a pokud to technické možnosti dovolily, i snímky bočními.

Výsledky sledovaly práci mumifikátorů jako tloušťku vrstev lněných obinadel a jejich prosáknutí tekutou pryskyřicí, vkládání do nich různých amuletů, doklady určitých mumifikačních technik, které mumie datují, např. zvyku vkládání balíčků s vyňatými vnitřnostmi do tělesných dutin či mimo ně, dokladů umělých očí, výplní tváří pryskyřicí či hlínou, výlitků částí mozkové dutiny nebo výplní ostatních tělesných dutin.

U každé mumie či izolované hlavy mumie bylo určeno pohlaví, hlavně podle tvaru pánve a druhotných pohlavních znaků

The First Mummy Research Project

Eugen Strouhal

It was in 1969, when I first started working for the Náprstek Museum of Asian, African, and American cultures (a part of the National Museum) in its then new Ancient Near East and Africa Department. I came to know its collections, which seemed very modest at that time and soon I realised that there was one category in the collections, which went almost unnoticed, even though it belonged to the most valuable possessions – Egyptian mummies. A unique collection of human remains – remains of makers of one of the first great human civilizations – suffered from insufficient protection and from environmental pollution. Some of them were in dire need of specialised help.

I also appreciated the opportunity they offered to me as a physician as well as an archaeologist – they provided a rich mine of knowledge concerning life of ancient Egyptians. To obtain all possible information, we needed an interdisciplinary team of specialists. Our research, undertaken from 1970 to 1974, was the first of its kind in Eastern Europe.

We set ourselves the ambitious goal of analysing all mummified remains in Czechoslovakia. First, we questioned local museums, then transported the mummies from Bohemia and Moravia to Prague and travelled to visit the mummies in Slovakia.

Apart from a general examination, our main method was radiology – at that time the best non-invasive method available, the X-ray. The mummies were subjected to X-ray examinations in radio diagnostic units of the Faculty Hospital of the Faculty of Medicine, Charles University in Prague. The examinations could only take place in late evenings and at night, in order not to encroach upon usual working schedules of the hospital.

Our 1971 to 1973 research was influenced by the available options of contemporary radiology – every mummy was scanned frontally and from the back view, as well as laterally wherever possible.

Our results enabled us to follow the embalmer's work including the wrappings, bandages soaked in resin, presence of amulets, traces of various mummification techniques helping to date the mummies, such as visceral packets placed inside or outside the body, artificial eyes, resin or clay fillings inside the cheeks, resin fillings in the cranial cavity or other body cavities.

Evžen Strouhal a Jitka Barochová během prvního výzkumu mumií.
Eugen Strouhal and Jitka Barochová during the first mummy research project.

na lebce, a přibližné stáří, a to podle prořezávání chrupu u mumií dětí a mladistvých, obtížněji podle stavu chrupu a výskytu degenerativních chorob u osob středního a starého věku.

Hlavní zásadou, uplatňovanou při svozu, odebírání vzorků a vlastním vyšetřování byla snaha mumie nepoškodit.

Datování mumií podle zjišťovaných charakteristik mumifikačních technik bylo konfrontováno s datováním příslušných rakví, jejichž výzkum probíhal současně s výzkumem mumií. V několika případech byl zjištěn nesoulad, zaviněný pozdějším uložením mumie do rakve jiného člověka.

Výsledky výzkumů byly publikovány nejen prostřednictvím řady článků v češtině uveřejněných ve vědecko-populárních časopisech a katalozích, ale i v angličtině v nejstarším odborném egyptologickém časopisu vůbec *Zeitschrift für ägyptische Sprache und Altertumskunde* v letech 1974–1979 a v monografii shrnující celý výzkum *Egyptian Mummies in Czechoslovak Collections* (hlavními autory byl Evžen Strouhal a Luboš Vyhnánek). Kniha obsahuje kapitoly o jednotlivých částech výzkumu mumií, průběhu a technice staroegyptské mumifikace a metodologii výzkumu. Následuje katalog zjištěných charakteristik a nálezů u 24 celých mumií, 29 izolovaných hlav mumií, 32 rukou a 14 nohou mumií, jakož i 22 mumifikovaných ryb a plazů, 32 ptáků, 15 koček a psů (celkem 168 objektů).

Monografii uzavírají souhrnné kapitoly o výsledcích studia mumifikačních technik, podmiňujících datování mumií, demografickém složení egyptských mumií v československých sbírkách a výsledcích radiologického výzkumu mumií z hlediska variací a paleopatologie. Na samém konci se nachází pojednání o výsledcích určení a nálezů u jednotlivých druhů mumifikované fauny.

Je třeba zmínit, že u příležitosti výzkumu byla v Náprstkově muzeu uspořádána výstava „Staroegyptské mumie", jež trvala od března do září 1971. Repríza výstavy byla ještě téhož roku otevřena v Olomouci a její slovenská část v roce následujícím ve slovenském Martině.

Each mummy or mummified head was sexed – following the sexual dimorphism traits on the skull itself or the pelvis, if available. The age of the mummies was determined using the presence or absence (for children and young adults) and abrasion (for adults and the elderly) of dentition, and traces of degenerative diseases.

The dating of individual mummies was compared – whenever possible – with a simultaneous study dating their coffins. Several mismatches were discovered, when coffins were reused.

The research results were published both in Czech (for general public, in exhibition catalogues and popular periodicals) and in English (in the oldest specialised Egyptological periodical, *Zeitschrift für ägyptische Sprache und Altertumskunde)* from 1974 to 1979 and finally in a monograph entitled *Egyptian Mummies in Czechoslovak Collections* (by Eugen Strouhal and Luboš Vyhnánek), containing chapters on the mummy research, our methods and techniques of embalming, followed by a catalogue of mummies and pertaining examination results. We analysed 168 objects altogether, including 24 complete mummies, 29 heads, 32 hands and 14 feet, as well as 22 fish and reptiles, 32 birds and 15 cats and dogs.

Our monograph concluded with chapters on the study of the embalming techniques which helped us to date the mummies, the demographic statistics for mummies in Czechoslovakia and the radiological examination results concerning paleopathology and variant symptoms. We also added a short treatise on determining and analysing the mummified fauna.

The mummy research also supported an exhibition "Ancient Egyptian Mummies" in the Náprstek museum, held from March to September 1971. The exhibition then travelled to Olomouc and had a Slovakian counterpart in the city of Martin in the following year.

Druhý výzkum staroegyptských mumií

Jiří Bučil – Pavel Onderka

V roce 2009, kdy jsme si připomínali čtyřicet let od vzniku samostatného egyptologického pracoviště v rámci Národního muzea, byl zahájen již druhý systematický výzkum staroegyptských mumií. Cílem tohoto výzkumu byla revize poznatků, které učinil tým vedený Evženem Strouhalem v 1. polovině 70. let a které byly knižně uveřejněny v rámci publikační řady Národního muzea v roce 1979.

Tento druhý výzkum spadá do nové, celosvětové vlny obdobných vědeckých projektů, které se především opírají o moderní radiologickou metodu – výpočetní tomografii. Partnerem Národního muzea v tomto projektu bylo Diagnostické centrum Mediscan a jeho odborní pracovníci.

Během dvou let byl pomocí počítačového tomografu vyšetřen a odborně zpracován téměř veškerý mumifikovaný materiál ze sbírek Národního muzea a Městského muzea v Moravské Třebové – v číslech deset kompletních těl dospělých mumifikovaných jedinců a dvě těla dětská, desítky mumifikovaných hlav, rukou a nohou a desítky mumifikovaných zvířat.

Moderní zobrazovací technika umožnila, aby závěry učiněné před třemi desetiletími mohly být výrazně zpřesněny a aby byla učiněna nová – ve své podstatě unikátní – zjištění, která konvenční radiologie neumožňovala. Týmu lékařů a odborných pracovníků z Mediscanu se u jedné z mumií podařilo s velkou mírou jistoty identifikovat tzv. non-Hodgkinský lymfom a v jiném případě strumu. Výzkum mumií nám tak umožnil nahlédnout do dávné minulosti nemocí, a stává se také dokladem úspěchu moderní vědy.

Ačkoliv druhý výzkum využíval moderních přístrojů a možností, s prvním výzkumem měl společný nejen předmět studia. Podobně jako před čtyřiceti lety, mumie mohly být vyšetřovány pouze v noci, aby nedošlo k narušení běžného chodu pracoviště. Dále bylo nutné řešit celou řadu logistických a organizačních výzev. Podobně jako před čtyřiceti lety se do projektu zapojil celý tým odborníků v oblasti egyptologie, antropologie a medicíny. Konzultantem celého projektu byl vedoucí prvního výzkumu Evžen Strouhal.

The Second Mummy Research Project

Jiří Bučil – Pavel Onderka

The National Museum marked the 40th anniversary of existence of its Egyptological department in 2009 with a second systematic examination of ancient Egyptian mummies. The revised research is a continuation of the earlier 1970s project – a thorough examination of the mummies undertaken by Eugen Strouhal and his team, the results of which were published in 1980 within a publication series of the National Museum.

The second examination of the Prague mummies is part of a larger research interest seen in an international context, i.e. the use of modern radiology, mostly CT scans and similar methods, for analysing Egyptian mummies. The National Museum partnered with a dedicated Diagnostic Centre Mediscan and its specialised team.

It took two years to examine almost all mummified remains in the possessions of the National Museum in Prague and of the Town Museum of Moravská Třebová. The CT scans were performed for ten adults, two children and dozens of detached mummified human remains (heads, upper and lower extremities), as well as several dozen animal mummies.

The modern imaging methods enabled a revision of previous results as well as some new and unique findings, which could never have been made using the techniques of conventional radiology. The Mediscan team of physicians and radiologists identified with a high degree of probability a non-Hodgkin lymphoma and a case of goitre. The mummy analysis thus brought new insights into very old diseases – modern science scored another success.

Even though the second examination of our mummies took advantage of new technologies and advances in medical technique, it still shared some of the issues of its predecessor. The mummies could only go to the hospital at night, so that the everyday routine of the clinic would not be affected. Organising the logistics of mummy transport also proved quite demanding on both occasions. A large team of specialists, physical anthropologists, Egyptologists and physicians took part in the project, which was realised under the auspices of the principal investigator of the first mummy examination project, Eugen Strouhal.

Sedm mumií ze sbírek Náprstkova muzea
Seven Mummies from the Náprstek Museum Collections

Jiří Bučil – Lubica Oktábcová – Pavel Onderka – Jakub Pečený – Evžen Strouhal

Nejstarší mumie v Praze
inv. č. P 633, přezdívka „Beznohý“

Mezi deseti mumiemi, které našly místo svého aktuálně posledního odpočinku v Náprstkově muzeu, je také mumie s nejdelší doloženou přítomností v českých zemích. Mumie dospělého muže (bez rakve) je zmíněna ve Schmallerově knize Beschreibung der Hauptstadt Prag (Popis hlavního města Prahy, svazek III, str. 346) z roku 1796. Kniha uvádí, že Václav Barka, obchodník s materialistickým zbožím a kořením, jenž bydlel v domě U zlatého anděla (Na Perštýně 346, Staré Město), vlastnil „eine wahre Aegyptische Mumie in der Lebensgrösse“ („pravou egyptskou mumii v životní velikosti). Mumie následně dědictvím přecházela z jedné generace Barkových potomků na druhou, až ji v roce 1893 zakoupil slavný pražský archeolog Josef Antonín Jíra (1868–1930), z jehož vlastnictví přešla přes dejvickou obec do Muzea hlavního města Prahy, odkud byla společně s celou Jírovou staroegyptskou sbírkou v roce 1964 převedena do Náprstkova muzea.

Budoucí archeolog Jíra se o kulturu a dějiny starověkého Egypta zajímal již od dob gymnaziálních studií. Klíčovým podnětem, který vzbudil jeho zájem o tuto tajemnou zemi, byl objev tzv. Královské skrýše v Dér el-Bahrí učiněný v roce 1881. Egyptologové ve službách Egyptské památkové správy, Heinrich Karl Brugsch (1827–1894) a Gaston Maspero (1846–1916), tehdy odhalili úkryt, do kterého karnačtí velekněží boha Amona po pádu Nové říše z bezpečnostních důvodů evakuovali mumie většiny egyptských králů a některých členů jejich rodin z celých Západních Théb, včetně Údolí králů.

Jíru objev mumií upoutal do té míry, že se rozhodl oběma výše zmíněným egyptologům zaslat prosbu o přenechání jedné mumie z jejich jiných výzkumů pro soukromou sbírku. Jak Brugsch, tak i Maspero s prodejem mumie Jírovi souhlasili, avšak poručník náctiletého Jíry pro tento záměr neměl dostatek pochopení a za mumii a její zaslání do Prahy odmítl zaplatit. Jíra si alespoň schoval dopisy od obou egyptologů.

Jírovo velké přání – vlastnit egyptskou mumii – se splnilo tedy až v roce 1893, kdy se přestěhoval do Spálené ulice č. 7 na Starém Městě. Získání mumie velmi barvitě popisuje Jírův životopisec Kodym: „Získal ji zvláštním způsobem, jak o tom někdy vyprávěl, byl-li v dobré náladě, při návštěvách svých známých. Zvěděl on – bůh ví, jak ti sběratelé dovedou všecko vyčenichat, snad že mají od pána boha nějaký, zvlášť vyvinutý šestý smysl –, že nějaké dvě staré dámy v sousedství mají na půdě mumii, opravdivou

The Longest Staying Guest
Inv. No. P 633, ”the Footless Gentleman“

The Náprstek Museum is currently hosting ten mummies. One of them, also known as the “Footless gentleman,” has been in Bohemia for the longest time, as far as archive records show. It is a mummy of an adult man, without a coffin, and the first record concerning it can be found in the 1794 publication *Beschreibung der Hauptstadt Prag* by Schmaller, volume III, page 346. The text says that a certain Václav Barka, chemist and spice seller, living in the house “The Golden Angel” (Na Perštýně 346, Old Town) owned „eine wahre Aegyptische Mumie in der Lebensgrösse“, i.e. a “real life-size Egyptian mummy”. The mummy became a family heirloom and remained in the Barka family for several generations until it was bought in 1893 by the respected archaeologist Josef Antonín Jíra (1868-1930). Jíra’s collection was later transferred to the Prague City Museum, and eventually – as late as 1964 – to the Náprstek Museum.

Jíra was attracted to ancient Egypt since his grammar school days. A key moment that fuelled his interest came with one particular discovery – the Royal Cachette at Deir el-Bahri, opened in 1881. Egyptologists Heinrich Karl Brugsch (1827–1894) and Gaston Maspero (1846–1916) from the Egyptian Antiquities Service uncovered this cachette used by the High Priests of Amun as a deposition site for royal mummies from Western Thebes, including many who occupied the tombs of the Valley of the Kings. Jíra was thoroughly fascinated and wrote to both Egyptologists, requesting politely a mummy from their other excavations for his private collection. Both Brugsch and Maspero were inclined to agree to sell a mummy, however, Jíra’s guardian (the archaeologist-beginner being still in his teenage years) refused to cover the costs. Jíra kept the letters from both scholars.

His heartfelt wish to add a mummy to his collection was fulfilled only in 1893, when he moved to Spálená street in Old Town Prague. His biographer Kodym provides us with a detailed and colourful account of how the mummy came into Jíra’s possession: “He obtained his mummy in a curious way; when disposed to do so, he provided his friends with an account of it. He found out – God knows how, these collectors sniff out everything like they had some god-given and well-developed sixth sense - that two elderly ladies in his neighbourhood kept a mummy in their attic – a real mummy from his dreamland! He did not hesitate and went to visit them and ask whether they would not be

mumii – předmět z kouzelné země jeho snů! I nemeškal a vypravil se k nim jednat, neprodaly-li by mu ji, že ji dobře zaplatí. Ale nepochodil. Že prý „to" zdědily, a že „to" na půdě nepřekáží a kdesi cosi. Tedy nazdar! Než to by nebyl sběratel vůbec a Jíra zvlášť, aby se tak lehko vzdal. Pro něho to nebylo posledním slovem. Brzo měl válečný plán pohotově: zašel si k paní domovnici toho domu, která nad to u těch slečen posluhovala, a vyložil jí, že ty dámy mají na půdě starého nebožtíka: „Víte, on je zavinutej do takových pláten!" A on, Jíra, že by „to" koupil, dvacet zlatejch že by za to dal! A když to dostane, že ona, jako paní domovníková, dostane za zprostředkování pětku jako pannu! Svěřil to těm nejpovolanějším rukám – za pár dní přiběhla paní správcová domu, že aby si milostpán pro toho nebožtíka hned, ale hned poslal! Můžeme si představit, že si to nedal opakovat dvakrát. Když pak měl již ten poklad doma a zaplatil, co slíbil, ptal se: „Řeknou mi, paní, jak to navlíkly? Mně to ty slečny nechtěly dát!" – „No, vědí, to je tak: já jsem jim řekla, že tu byla komis a že chodila po půdách a přišla i na toho našeho nebožtíka a že „to" holt musí pryč... že přijdou zas, a pak že to bude pokuta! A co že s tím počnem? Popelář že to na vůz neveme, že je to moc velký, a dát to pochovat, kdo ví, je-li to křtěný." Inu, nastrašila ty staré duše, že byly rády, když s „toho" zbavily.

Mumie

Mumie byla do sbírek Náprstkova muzea převedena nejen s celou sbírkou Jírových egyptských starožitností, ale i s „1 válcovitou dózou na tzv. léčivý prach". Tato dóza je chápána jako vysvětlení poměrně zbídačeného stavu mumie, především pak pro absenci chodidel a spodní části lýtek. Mumie byla ještě v 18. století vymotána z obvazového materiálu. Samotné tělo snad posloužilo jako zdroj pro výrobu mumiového prášku, který byl v apotékách po celé Evropě prodáván jako všelék. Prodával mumiový prášek ve svém obchodě s materialistickým zbožím a kořením i Václav Barka?

Vyšetření výpočetní tomografií

Na lebce je patrné rozšíření trámčiny čelních kostí – vrozená vývojová anomálie. Destrukce přední jámy lební, čichových sklípků a nosních průduchů dokládá vyjmutí mozku touto cestou. Pryskyřice je nahromaděna v týlní oblasti a zatéká do páteřního kanálu. V očnicích se nachází nehomogenní, splývající obsah. Zdá se, že v očnicích byly dříve umístěny umělé oči.
Na chrupu je patrné významné obroušení kousacích ploch, dále pozánětlivé změny v okolí kořenů a posmrtné zlomeniny zubů.

inclined to sell for a fair price. It was to no avail. The ladies opined that "it" is their heirloom and does no harm in the attic, no, thank you very much. However, no collector ever gives a coveted object up lightly and least of all Jíra. Refusing to take no for an answer, he devised a plan of action in no time and visited the concierge, who also acted as a housekeeper to the elderly spinsters. He explained to her that the ladies kept an old cadaver in the attic. 'He is all wrapped up in some linen, you know.' And he, Jíra that is, would buy "it" and was willing to pay twenty gulden plus, if the negotiations would be successful, a fiver to the housekeeper. He chose his messenger well. In a few days, the housekeeper came – could Mr Jíra please arrange for the removal of the deceased, but immediately! You may imagine he did not need to be told twice. With his treasure safely at home and duly paid, he asked his helper 'How did you manage them? I could not get a thing.' – 'Well, sir, I told them that there was a commission checking all the attics and they uncovered our dear departed and said "it" must go ... and that they would come again and fine them. And how to get rid of it? No dustman would take it, it being too big, and to let it be buried – what if "it" had not been baptised?' In short, she frightened the poor souls so that they were happy to let 'it' go."

The Mummy

The mummy arrived in the Museum in the company of Jíra's other Egyptian antiquities and a large container – "one cylindrical vessel for the so-called healing powder". This container may point towards a possible explanation of why the mummy is in a rather poor state and missing his feet and lower part of both calves. The body was probably deprived of its wrappings in the 18th century and its tissues could have been used for the production of a mummy powder commonly sold by apothecaries of the time as a panacea. Did Václav Barka sell it in his shop as well?

The CT Scanning

The skull has a marked sponge-like character of frontal bones, a congenital anomaly. The ethmoid bone and nasal bones are destroyed, proving that the excerebration was most likely undertaken via the nasal area. There is a resinous accumulation in the occipital area and in the vertebral canal. The orbits contain heterogeneous material – it is probable that artificial bulbs were originally placed there. The dentition shows substantial abrasion and post-inflammatory root changes plus some teeth were broken post mortem.

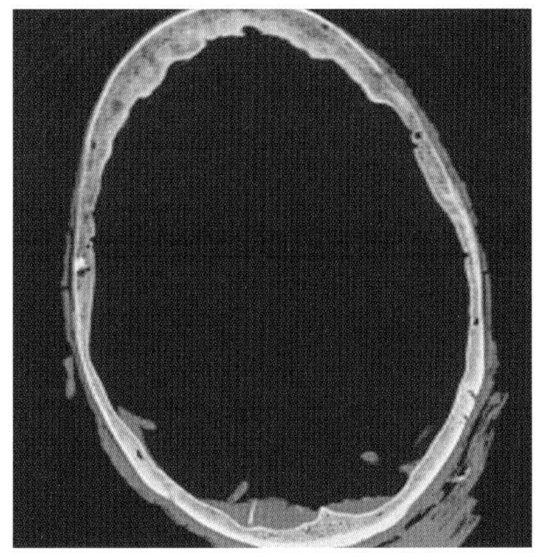

[1.A] Lebka: zbytnění čelní kosti / Scull: hyperostozis frontalis interna

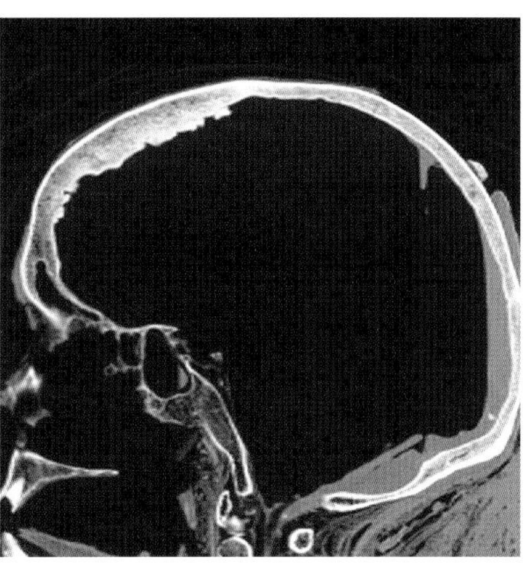

[1.B] Lebka: zbytnění čelní kosti a výplň dutiny lební pryskyřicí / Scull: hyperostozis frontalis interna and resinous fillings in the cranial cavity

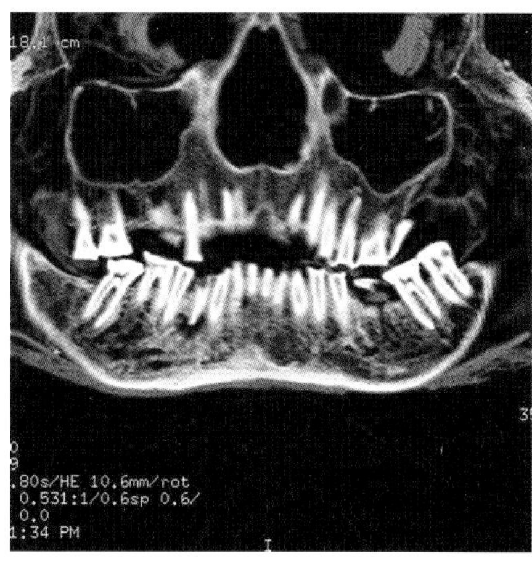

[1.C] Zubní analýza: komplexní změny s posmrtnými frakturami / Tooth analysis: complex changes with postmortem fractures

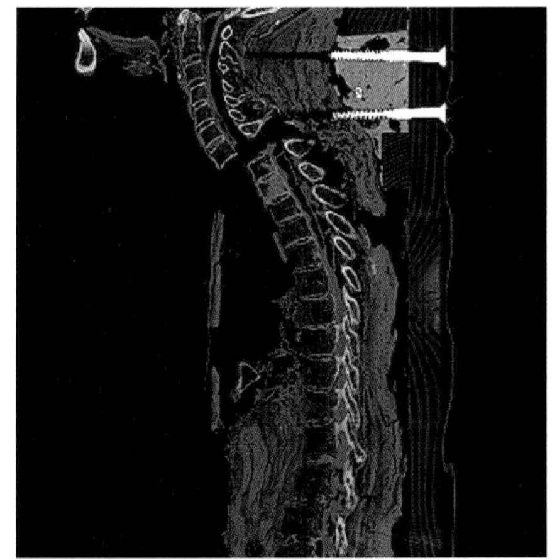

[1.D] Torzo: fixace šrouby k podložce / Torso: fixation to the sole piece by screws

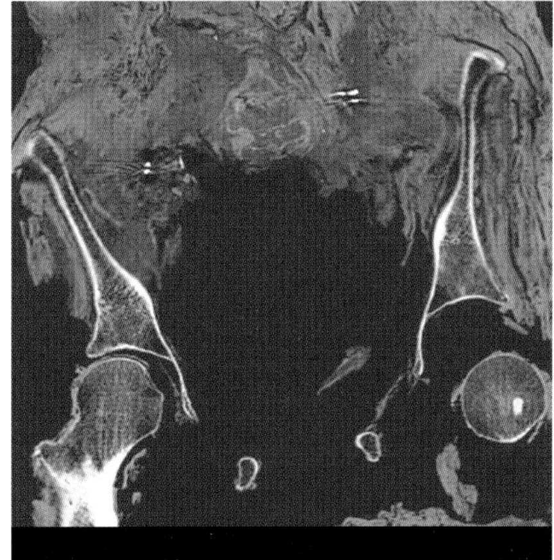

[1.E] Pánev: vymknutí levého kyčelního kloubu / Pelvis: dislocation of the left hip joint

Sedmý krční obratel je posmrtně posunut dopředu. Mumie je přichycena k podložce šrouby zavedenými do 3. a 7. krčního obratle a 1. bederního obratle. Patrné jsou povšechné degenerativní změny podmíněné věkem. Pryskyřice pronikla do obratlových těl, které byly postiženy osteoporózou.
Hrudník byl posmrtně deformován. Břicho je vyplněno mumifikačním materiálem.
Přes pánev a kost křížovou je zavedena drátěná smyčka fixovaná k dřevěné podložce.
V hlavici pravé pažní kosti byla identifikována nezhoubná cysta o průměru 11 mm. Dolní končetiny byly posmrtně poškozeny. Spodní části zcela schází a jsou nahrazeny dřevěnými protézami. Horní končetiny jsou uloženy podélně, paralelně přes pánev.
Věk dožití zemřelého je odhadován na 50–60 let.
Na základě komplexního zkoumání řadíme život zemřelého do období Třetí přechodné doby až Pozdní doby (1069–332 př.n.l.).

The 7th cervical vertebra was moved forward, also post mortem. The mummy is fixed to a wooden support with screws going through the 3rd and 7th cervical vertebrae and 1st lumbar vertebra. The spine has marked degenerative changes. Some vertebrae were osteoporotic and a penetration of the mummification resin is found in them.
The rib cage was deformed post mortem. The abdominal cavity was filled with mummification material.
There is a wire loop inserted across the pelvis and the coccyx that served as a fixation. The right humeral head contains a benign cyst (diameter 11 mm). Lower extremities were damaged post mortem; the feet are missing and replaced with wooden prosthetics. Upper extremities are positioned parallel and laid across the pelvis.
The age at death was probably between 50 to 60 years. Due to the state in which the mummy was found, it is not possible to offer a more accurate dating than the Third Intermediate to Late periods (1069–332 BCE).

Nejstarší mumie ve sbírkách Národního muzea inv. č. P 634, přezdívka „Princezna“

Mumií, která se nejdelší dobu nachází ve sbírkách Národního muzea, resp. jeho předchůdců, je mumie dospělé ženy, kterou Vlasteneckému muzeu v Čechách daroval buď jeho hlavní zakladatel Kašpar Maria kníže ze Šternberka (1761–1838), nebo rakouský diplomat kníže František Colloredo (1799–1859) v roce 1822.

Ať už to bylo jakkoli, zdá se, že mumie mohla být zakoupena na první egyptologické (prodejní) výstavě v českých zemích. Tu uspořádal cestovatel Franz Wilhelm Sieber (1789–1845) ze sbírek, které získal během návštěvy Egypta v letech 1817 až 1818. Některé starožitnosti, jež s sebou Sieber dovezl do Prahy, zjevně získal od slavného objevitele Giovanni Batisty Belzoniho (1778–1824). Ten v té době pracoval v Západních Thébách, kde v Údolí králů, krátce před Sieberovým příjezdem do Egypta, objevil hrobku krále Sethiho I.

O přesném místě původu této mumie bohužel nic nevíme a pouze na základě komplexního zkoumání můžeme mumii datovat do Třetí přechodné doby.

Na jaře roku 1851 si mumii z muzea pro vědecké účely zapůjčil Jan Evangelista Purkyně (1787–1869), který tehdy působil jako přednosta Fyziologického ústavu pražské lékařské fakulty. Zápůjčku zprostředkoval Leopold Jan Nepomuk rytíř von Sacher-Masoch, jenž od roku 1848 zastával funkci pražského policejního prezidenta. Sacher-Masoch v letech 1849 až 1854 působil jako předseda přírodovědeckého spolku Lotos a aktivně se zapojoval do činností Zemského muzea, bývalého Vlasteneckého muzea v Čechách. Jeho syn Leopold byl známým rakouským spisovatelem, po kterém je pojmenován masochismus.

Ve Fyziologickém ústavu byl na mumii proveden vůbec první průzkum egyptské mumie v českých zemích (za použití invazivních metod). Mumie byla podrobena anatomickému a histologickému zkoumání, které provedl vědecký asistent Jan Nepomuk Tschermak (1828–1873), jenž o svém výzkumu podal zprávu vídeňské Akademii věd. Vybalená a značně poškozená mumie (vyřezané části hrudníku a břicha) byla muzeu vrácena teprve v roce 1913.

Vyšetření výpočetní tomografií

Kosti temenní jsou oboustranně symetricky ztenčeny a jsou nahrazeny jemnou lamelou. Nález odpovídá tzv. biparietální depresi, jejíž příčinou může být buď vrozená vývojová ano-

The Oldest Mummy in the National Museum Collections Inv. No. P 634, "the Princess“

The mummy of a lady with a noble sobriquet of “princess” is probably the most ancient mummy in the collection of the National Museum and its predecessors. The mummy was donated to the then Patriotic Museum in 1822, either by Caspar Maria Count von Sternberg (1761–1838), the chief sponsor of the museum, or by the Austrian diplomat Prince Franz von Colloredo (1799–1859).

In either case it is likely that the mummy could have been bought at the first Egyptological exhibition (with an option to buy the artefacts) in the Czech Lands. The exhibition was organised by Franz Wilhelm Sieber (1789–1845), a traveller, and composed of artefacts Sieber brought from his trips to Egypt during 1817 and 1818. Sieber obtained some of his antiquities from the famous Giovanni Battista Belzoni (1778–1824), who was working in Western Thebes at that time and had uncovered the tomb of Sethos I shortly before Sieber’s visit.

However, the provenance of the mummy remains unknown.

In spring 1851, the mummy left the museum for a long time as part of a loan to Jan Evangelista Purkyně (1787–1869), then Head of the Institute of Physiology at the Faculty of Medicine of the Prague University. The loan was mediated by Leopold Jan Nepomuk von Sacher-Masoch, president of the Prague police since 1848. Von Sacher-Masoch, however, was also a chairman of a natural history club Lotus (from 1840 to 1854) and an active supporter of the museum (named Landesmuseum at that time). He was also father to the writer Leopold von Sacher-Masoch, who gave his name to masochism.

The members of the Institute of Physiology undertook the first scientific examination of a mummy in the Czech Lands (and one of the first worldwide), using invasive autopsy methods. The mummy was subjected to an autopsy and a histological examination by research assistant Jan Nepomuk Tschermak (1828–1873), who reported on the results of his research to the Academy of Sciences in Vienna. The mummy, unwrapped and having sustained some damage (parts of its thorax and abdomen were missing) was returned to the museum only in 1913.

The CT Scanning

Both parietal bones show symmetrical thinning, which reduced the bones to a fragile plate. This corresponds to a condition known as biparietal thinning, caused either by a congenital

málie, nebo odvápnění. Tento nález se vyskytuje i v současné době, ale v případě starých Egypťanů byl výrazně častější. Biparietální deprese lebky se může projevovat například záchvatovitými bolestmi hlavy. Lebka je také náchylnější k poškození úrazem.

Mozek byl vyňat skrz přední jámu lební, jak dokládá její poškození s četnými úlomky. V obou očnicích je nehomogenní splývající obsah. Z dutiny lební do páteřního kanálu zatéká pryskyřice.

Na chrupu jsou ojedinělé kazy. Sedmička vlevo dole byla vytržena. Na páteři jsou patrné degenerativní změny v krčním a bederním úseku. V souvislosti s invazivním vyšetřením mumie v polovině 19. století, kdy byla porušena přední hrudní a břišní stěna, byl odstraněn 9. až 12. hrudní obratel. V dutině hrudní a břišní se nacházejí zbytky viscerálních balíčků. Vlevo v oblasti podbřišku se nachází otvor, jímž byly během mumifikace vyjmuty vnitřní orgány.

V hlavici levé kosti stehenní byla identifikována nezhoubná cysta o velikosti 7 mm. Na kyčelních kloubech jsou patrny degenerativní změny. Horní končetiny jsou umístěny paralelně zevně podél stehen.

Žena zemřela přibližně ve věku 40 let.

anomaly or a significant loss of calcium in the bone matter. The condition is known in modern populations, though it occurs at a considerably higher frequency in ancient Egyptian remains. It may cause headache attacks and the skull of the afflicted is more prone to injury.

The excerebration was performed via the nasal area, which is damaged and broken into small fragments. The orbits contain heterogeneous substances. Resinous accumulations are present in the skull cavity and in the vertebral canal. The dentition shows several cases of caries. The lower left second molar was extracted. The spine demonstrates degenerative changes especially in the cervical and lumbar area. The 19th century autopsy dislocated front parts of the thorax and abdomen and also the 9th and 12th thoracic vertebrae were removed. The thoracic and abdominal cavities now contain remnants of the visceral packets. In the left lower quadrant of the abdomen there is an incision.

The left femur head contains a benign cyst (ca 7 mm long). The hip joints show marks of degenerative diseases. The upper limbs were placed parallel to the body and the hands on the outside of the thighs.

The deceased's age at death was determined as approximately 40 years.

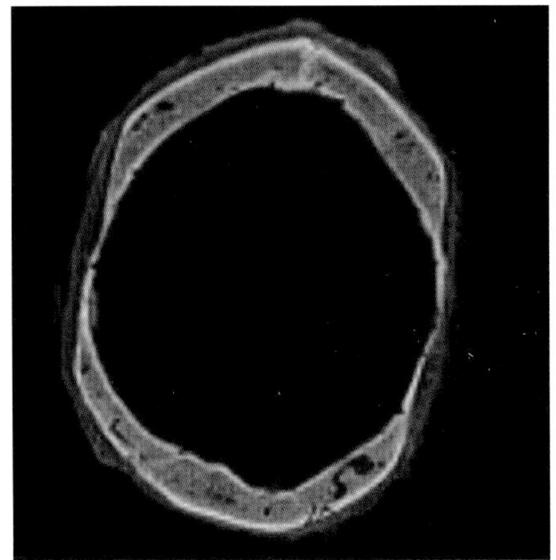

[2.A] Lebka: ztenčení temenních kostí – biparietální deprese / Scull: thinning of parietal bones – biparietal thinning

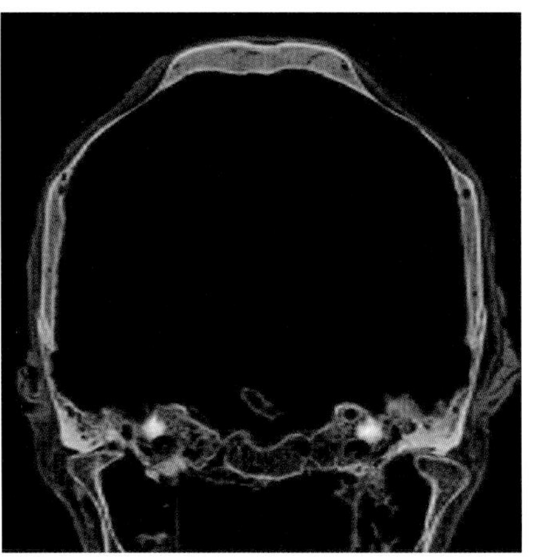

[2.B] Lebka: ztenčení temenních kostí – biparietální deprese / Scull: thinning of parietal bones – biparietal thinning

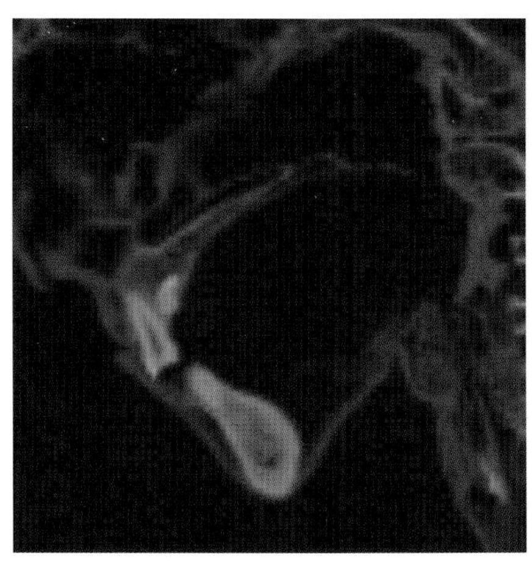

[2.C] Obličejový skelet: vývojový rudiment řezáku v horní čelisti vpravo / Facial skeleton: developmental germ of the incisive tooth in the right upper jaw

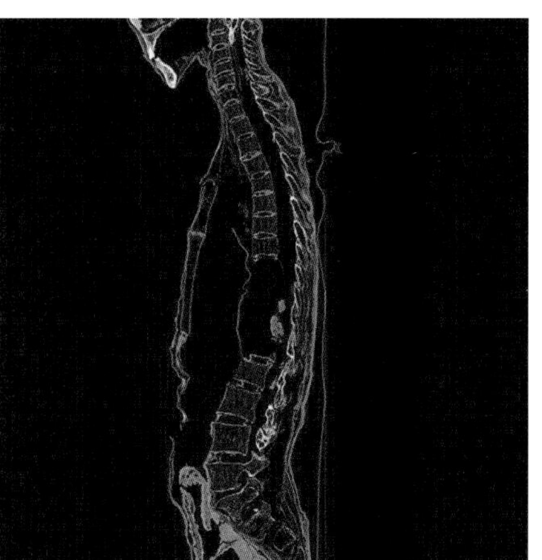

[2.D] Torzo: chybějící obratle po provedené pitvě / Torso: missing vertebrae after the autopsy

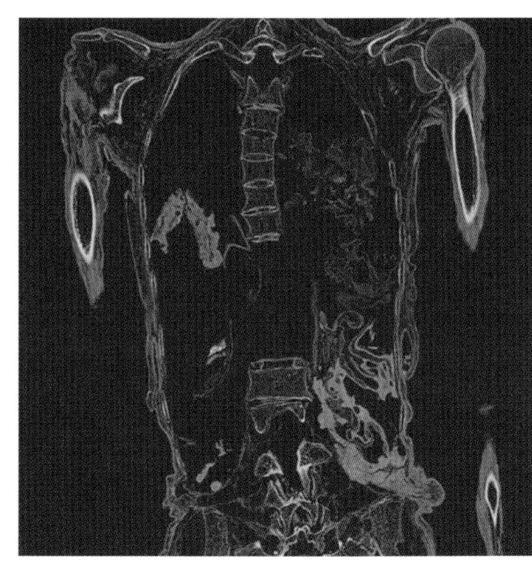

[2.E] Torzo: chybějící obratle po provedené pitvě a tkaninová mumifikační výplň / Torso: missing vertebrae after the autopsy and textile mummification fillings

Mostecká mumie
inv. č. P 629

Podobně jako v případě celé řady egyptských sbírek v českých zemích, vděčíme i za tzv. mosteckou mumii českým Němcům. V roce 1894 navštívil Egypt továrník Wilhelm Riecken z Šumné (dříve Rauschengrund) v západních Čechách, jenž po nějakou dobu dokonce zasedal ve Sněmu Království českého. Riecken ještě téhož roku rakev s mumií (údajně mladé ženy) daroval muzeu v Mostu. Nový přírůstek muzea pochopitelně v Mostu (německy Brüx) vzbudil velký ohlas. V místních novinách *Brüxer Zeitung* dokonce vyšel článek, v němž byla mumie s rakví popsána. V roce 1970 došlo k předání obou do Náprstkova muzea.

Rakev

Rakev je vyrobená ze sykomorového dřeva (Ficus sycomorus L.) a sestává ze tří dílů – víka, vany a vnitřního poklopu umístěného nad mumií. Rakev má velmi ladný tvar, avšak její výzdoba není příliš kvalitně provedena. Rakev se datuje do první poloviny Třetí přechodné doby, resp. do 21. až 22. dynastie. S největší pravděpodobností pochází z hornoegyptských Théb. Na všech částech rakve jsou zapsány hieroglyfické texty, avšak tyto neobsahují jméno zemřelé.

Obličej víka této ženské rakve je zpracovaný včetně všech detailů. Obličej je zasazen do trojdílné paruky ozdobené květinovou čelenkou. Přední díly paruky jsou přepásány zdobenými proužky a jsou na nich namalovány copánky, a zpoza předních dílů paruky vyčnívají kulaté náušnice a vespod prsa. Následuje široký náhrdelník tvořený řadami perel a stylizovanými lotosovými květy. Nad náhrdelníkem jsou plasticky ztvárněny překřížené ruce zemřelé. Výzdoba pod náhrdelníkem je rozdělena do tří sloupců. Ústřední sloupec v jednotlivých registrech kombinuje vyobrazení sloupků *džed* (symbol trvání) a tzv. Esetina uzlu (ochranný symbol). Jednotlivé registry jsou odděleny lotosovými květy. Po stranách je šest párů registrů s identickým obsahem. V prvním (od vrchu) je vyobrazena okřídlená kobra, ve druhém a třetím bůh Usir na trůně se sokolem se slunečním diskem na hlavě sedícím na standartě. Ve čtvrtém a pátém registru to jsou Usir a božská supice. Poslední šestý pár registrů je velmi poškozen.

Vnitřní poklop je velmi poškozen především v obličejové části – paruka a samotný obličej zcela schází. Na širokém náhrdelníku jsou podobně jako na rakvi plasticky ztvárněny překřížené

The Mummy of Most
Inv. No. P 629

The so-called mummy of Most came to Bohemia thanks to a German (not an unusual story for Egyptian artefacts) – a factory owner and an Assembly of the Kingdom of Bohemia deputy Wilhelm Riecken from Rauschengrund (now Šumná) in Western Bohemia. Mr Riecken visited Egypt in 1894 and donated the mummy with its coffin to a museum in Most (then Brüx) in the same year. The mummy was presented as a young woman. The new arrival attracted considerable attention in Most and its description appeared in a local newspaper *Brüxer Zeitung*. The mummy and coffin were transferred to the Náprstek museum in 1970.

The Coffin

The coffin consists of three parts; apart from a casket and a lid there is also a mummy cover (a sort of an internal or second lid). Its shape is very elegant but its decoration rather mediocre. It was most likely produced in Thebes and can be dated to the first half of the Third Intermediate Period, more precisely to the 21st or 22nd dynasty.

All parts of the coffin bear hieroglyphic inscriptions, but do not show the name or titles of the deceased.

The lid of the female coffin is executed in great detail. The face is framed with a tripartite wig decorated with a fillet with floral details; the frontal lappets of the wig carry a carefully painted motif of braids bound with decorated ribbons. Under the wig a pair of disc-shaped earrings is visible, and below the frontal lappets there are plastically modelled breasts.

The decoration is further enhanced by a wide necklace composed of beads and stylised lotus flowers. The crossed hands of the deceased are modelled over the necklace. The decoration below the necklace is divided into three columns and several registers. The middle column has a decoration composed of *djed* pillars, and the so-called knots of Isis (symbols of duration and protection) run through all registers. The registers are divided by a motif of lotus flowers.

The sides of the lid bear six registers each, with mirrored decoration. The uppermost register contains a winged cobra, the second and third a seated figure of Osiris on his throne accompanied by a falcon with a sun disk and seated a standard. The fourth and fifth registers depict Osiris and a divine vulture. The last pair of registers is badly damaged.

ruce. Pod náhrdelníkem je zobrazen posvátný skarab sunoucí sluneční disk. Po jeho stranách jsou vyobrazeny symboly moci *(sechem)* a sokolové. Následuje soustředný řádek hieroglyfického textu. Další výzdoba je soustředná a předělená sloupcem hieroglyfického textu s obětní formulí. Po jeho stranách je pět párových registrů zobrazující Usira se supicí, symbol moci *(sechem)* spojený s dalšími symboly – kroužkem *šen*, slunečním diskem, dvěma kobrami a symboly života *anch* –, sloupek *džed* se slunečním diskem a dvěma kobrami, Esetiny uzly a symbol západu *(imentet)*.

Vana rakve je podobně bohatě zdobena, a to jak zevnitř, tak i zvnějšku. Výzdoba vnitřního dna se bohužel zachovala jen v oblasti hlavy, kde se nacházejí zbytky těla hada a symbolu západu, v tomto případě v roli atributu bohyně *Imentet*. Výzdoba vnitřních stěn vany je rozdělena do sedmi registrů. První registr se nachází v oblasti hlavy a zobrazuje okřídlený ochranný symbol *sa*. Párové registry po stranách potom obsahují vyobrazení stojících mumiformních božstev s hlavami hadů. Výzdoba vnějších stran rakve je opět soustředně rozdělena do registrů. V hlavové části je namalován Esetin uzel z obou stran obklopený symboly západu. V následujících registrech (od hlavy k nohám) jsou zobrazeny páry scén obsahující: sokoly s korunou atef a okřídlené kobry, dvojí vyobrazení sfingy (?) ležící na lvích márách, dvě bohyně (snad Eset a Nebthet) klečící u symbolu moci *sechem*, Usira sedícího na trůnu, dvojí vyobrazení mumiformního božstva s hadí hlavou, a opět Usira a dvě hadí božstva.

Mumie

Mumie je doposud zabalena do obvazového materiálu až na lebku, která je odhalená. Vrstva obinadel je zakryta rubášem, který je k mumii připevněn popruhy.

Vyšetření výpočetní tomografií

Vyšetření výpočetní tomografií nám umožnilo určit, že cestou velkého týlního otvoru je zaveden do dutiny lební novodobý kovový hřeb, který fixuje lebku s páteří.

V zadní jámě lební je vrstevnatě zformováno menší depozitum výplňového materiálu, který svým charakterem odpovídá impregnované tkanině. Cárovité zbytky jsou i ve střední jámě lební a podél kovového hřebu. Vlastní skelet lebky má normální strukturu. Přední jáma lební není porušená. Mozek byl tedy zřejmě vyjmut skrze velký týlní otvor. Očnice jsou vyplněné impregnovanou tkaninou.

Chrup horní i dolní čelisti je kompletní bez známek obrou-

The internal lid shows considerable damage as well, especially in its upper part where the face and wig are almost entirely gone. There is a wide necklace similar to the one depicted on the coffin and hands modelled in relief. A scarab with a sun disk is shown below the necklace, accompanied by falcons and *sekhem* symbols, signifying power. Further below there is a centrally placed hieroglyphic inscription band with an offering formula. All remaining decoration is then arranged in two series of five registers showing Osiris with a vulture, the *sekhem* and *shen* symbols plus solar disks, cobras, *ankh* and *djed* pillars with sun disks and cobras, knots of Isis, and finally symbols of the West.

The casket is equally richly decorated, both inside and outside. Its bottom interior decoration survives only in the area of the head, showing a serpent and the symbol of *Imentet*, the goddess of the West. Its side interior decoration is divided into seven paired registers. The head section shows a protective *sa* amulet with wings and is followed by serpent-headed mummiform deities in the registers further below.

The exterior decoration of the coffin casket is again arranged in registers. The uppermost section shows the Isis knot with the symbols of the West, followed (in direction from head to toe) by paired scenes of falcons with atef crowns plus winged cobras, sphinxes (?) on lion biers, two goddesses (possibly Isis and Nephthys) kneeling by *sekhem* signs, Osiris on his throne, a double mummiform serpent-headed deity, and again Osiris and serpent deities.

The Mummy

The mummy is still in its wrappings, apart from the skull. The bandages are covered with a shroud kept in place with several sashes.

The CT Scanning

The scan has shown that the mummy was “renovated” in recent times – its skull is kept connected to the spine by means of a large metal nail inserted through the foramen magnum.

The occipital cavity contains a small deposit of material; its structure resembling in all probability textiles soaked in resin. The middle part of the neurocranium as well as the area around the nail contains shred-like formations. The skull itself is well preserved, its nasal area untouched, indicating that the excerebration must have been performed through foramen magnum. The orbits are filled with resin-impregnated textiles.

The dentition is complete and shows no substantial signs of

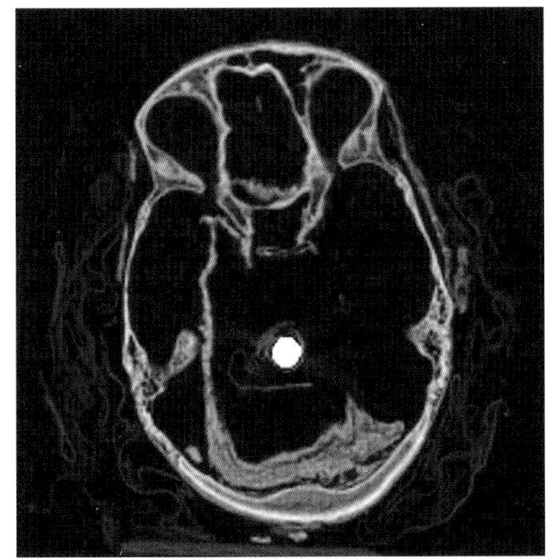

[3.A] Lebka: zavedený hřeb a impregnovaná vrstvovaná výplň v zadní jámě lební / Scull: the inserted nail and the impregnated layered fillings in the occipital cavity

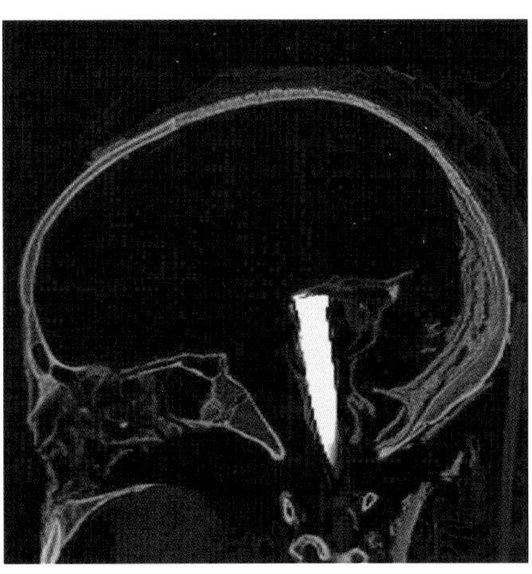

[3.B] Lebka: zavedený hřeb a část impregnované výplně v dutině lební / Scull: the inserted nail and a part of the impregnated fillings in the cranial cavity

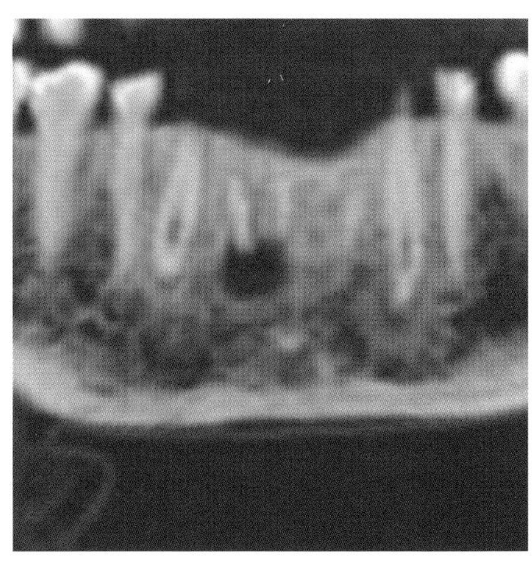

[3.C] Detail pozánětlivé dutiny v dolní čelisti při kořeni řezáku / Detail of a post-inflamatory vesicle at the root of the cutter

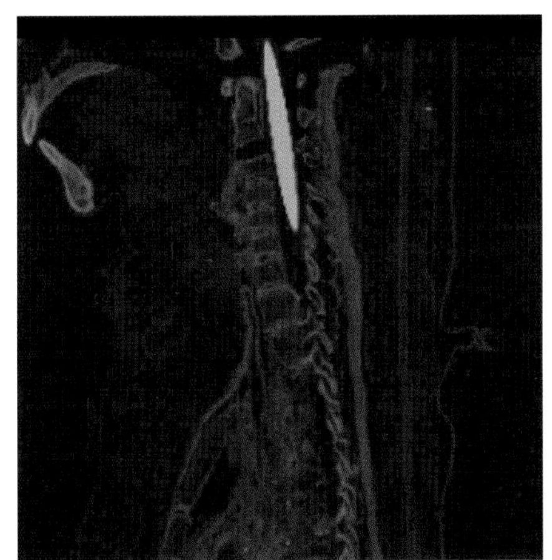

[3.D] Krční páteř: hřeb v páteřním kanálu a oddělení mezi 2. a 3. krčním obratlem / Cervical spine: the nail inserted into the spinal canal and the separation between the second and third cervical

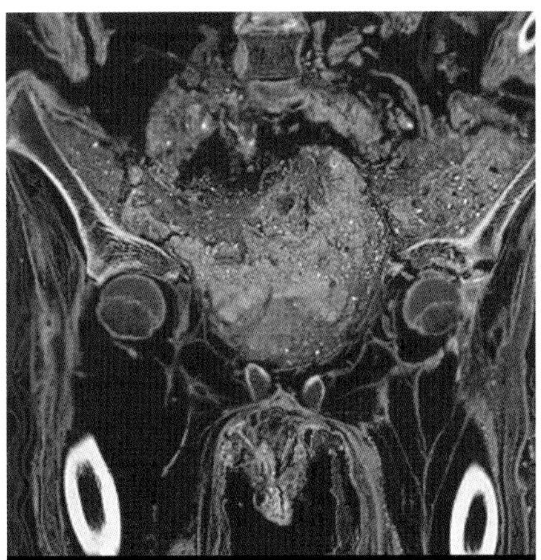

[3.E] Pánev: mumifikační výplň smíšeného charakteru, balíček mezi stehny, kyčle / Pelvis: mummification fillings of miscellaneous character, the packet between the thighs, coxae

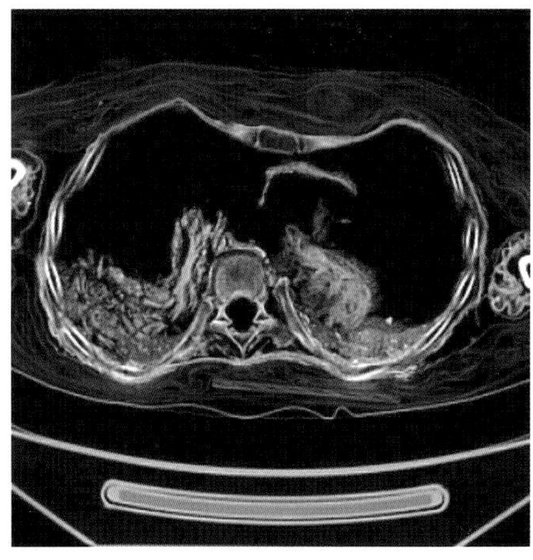

[3.F] Hrudník: vpáčení hrudní kosti / Thorax: pectum excavatum

šení kousacích ploch. Pouze při kořeni řezáku v dolní čelisti vpravo je pozánětlivá dutina.
Páteř je v celém rozsahu normální, degenerativní změny nejsou patrné. Kovový hřeb je zaveden až do úrovně 5. krčního obratle. Širší prostor mezi 2. a 3. krčním obratlem je místem, kudy byl hřeb zaveden.
Hrudní kost je vpáčená (pectum excavatum). Jedná se o vrozenou deformitu hrudníku. Hrudník, břicho a pánev jsou vyplněny sedimentovaným obsahem smíšeného charakteru. Kožní kryt je porušen oboustranně v úrovni podbřišku. Nález je necharakteristický, avšak lze předpokládat, že vlevo se nacházel pitevní přístup a že vpravo snad došlo k rozpadu tkáně.
Na levé loketní kosti se nachází stav po zlomenině. Jinak je osový skelet zcela normální. Nápadné jsou dosud ne zcela uzavřené růstové štěrbiny dlouhých kostí, svědčící o nižším věku v době smrti. Z nálezu na skeletu a chrupu je zřejmé, že mumifikovaný jedinec je stáří okolo osmnácti let. Horní končetiny jsou složené podélně do pánve.
Mezi dolními končetinami pod kostí stydkou, tj. v rozkroku, je izolovaný smotek – snad penis v obalu, který by indikoval nesouhlas mezi pohlavím rakve a pohlavím mumie.

Shrnutí

Za předpokladu, že by interpretace nálezu byla správná, nebyla by tato mumie původním majitelem rakve. Nicméně mumifikační techniky užité na mumii nejsou v rozporu s datací rakve do post-Ramessovského období.

dental abrasion. There is only one sign of inflammation next to one of the incisors in the mandibula.
The spine shows no significant degenerative changes. The attaching metal nail is very long and ends by the 5th cervical vertebra. A widening between the 2nd and the 3rd cervical vertebrae indicates where the nail had been inserted.
The sternum is deformed and results in a pectus excavatum, which is a congenital anomaly of the thorax. The thoracic and abdominal cavities as well as the pelvis are filled with varied material. The skin of the lower abdomen is broken symmetrically. This is a rather unexpected finding. There could have been an incision on the left and damage to the tissues on the right. The left ulna shows signs of a post-fracture healing process. Apart from this detail the skeleton shows no unusual signs. Epiphyseal plates of the long bones are clearly visible, proving a young age at death. The skeleton and its dentition suggest that the deceased died around the 18th year of age.
The upper limbs are laid parallel and hands placed in the lap. There is a distinct separate packet placed next to the pelvis. If this were a separately wrapped penis, the sex of the deceased would not correspond to the gender of the coffin.

Summary

Depending on interpretation given above, the mummy may or may not have been the owner of the coffin, although the embalming techniques correspond to the dating of the coffin to the post-Ramesside period.

Dvě mumie s rakvemi z Achmímu

Příběhy dalších dvou mumií s rakvemi jsou velmi úzce spjaty, a to hned ve dvou ohledech. Jednak obě pocházejí z pohřebišť u středoegyptského Achmímu a jednak obě tvořily součást rozsáhlé původní sbírky arcivévody Josefa Ferdinanda Habsburského, resp. Toskánského (1872–1942), který byl velitelem 93. regimentu, jehož posádkovým městem byla Olomouc.
Arcivévoda Egypt navštívil v roce 1903 pod pseudonymem hrabě Buriano. V Egyptě se seznámil s blíže neznámým rakousko-uherským konzulem Vetterem, jenž mu údajně daroval svou několik let formovanou sbírku egyptských starožitností čítající bezmála čtyři stovky kusů. Sbírka obsahovala předměty pocházející ze všech hlavních objevů učiněných v Egyptě na přelomu 19. a 20. století, včetně již zmíněného objevu tzv. Královské skrýše v Dér el-Bahrí, pohřbů Moncuových kněží v Hatšepsutině chrámu tamtéž, výkopů v Bubastidě nebo významného objevu celé nekropole v Achmímu, který učinil Gaston Maspero (1846–1916), tehdejší ředitel památkové správy, v roce 1883. Konzul sbírky nakupoval přímo v káhirském muzeu, což bylo v té době běžnou praxí.
Tři roky po návratu věnoval arcivévoda celou svou sbírku nově založenému přírodovědeckému muzeu v Olomouci, které neslo jeho jméno – „Das Erzherzog Joseph Ferdinand Museum". Muzeum bylo slavnostně otevřeno o další tři roky později, tedy v roce 1909. Po rozpadu rakousko-uherské monarchie a vzniku samostatného Československa bylo spolu s dalšími dvěma olomouckými muzei sloučeno do Muzea hlavního města Olomouce, z něhož byla sbírka roku 1953 převedena do Krajského vlastivědného muzea v Olomouci. Na základě dohody s Náprstkovým muzeem byla potom celá olomoucká egyptská sbírka převedena v roce 1981 do Prahy.
Achmím (egyptsky *Ipu* a *Chent-min*) leží bezmála 500 km na jih od Káhiry na východním břehu Nilu. Již od nejstarších období egyptských dějin se zde nacházelo kultovní středisko boha plodnosti Mina (jehož jméno je obsaženo i v současném názvu moderního města) s rozsáhlým chrámem, svatyněmi a nezbytným kněžským personálem. V blízkosti Achmímu v průběhu tisíciletí vyrostla tři ohromná pohřebiště.
Dvě rakve s mumiemi a jedno víko, které tvořily součást arcivévodovy sbírky, s největší pravděpodobností pochází z pohřebiště A, jehož hrobky byly vytesány do tři kilometry dlouhé a přibližně 25 metrů vysoké skály. Pohřebiště bylo velmi zevrubně prozkoumáno v průběhu let 1844–1888. Byly

Two Mummies with Coffins from Akhmim

The story of the two mummies from Akhmim with their coffins is intertwined twice. First, both came from cemeteries in the area of Akhmim in Middle Egyptian and both were first in the collection of Archduke Josef Ferdinand from the Tuscan branch of the Habsburg dynasty (1872–1942), the commander of the 93rd regiment of the Imperial Army, stationed in the city of Olomouc.
The Archduke visited Egypt as Count Buriano in 1903. During his visit he made the acquaintance of the Austrian consul Vetter, who supposedly donated his Egyptian collection to the Archduke. The consul's collection must have been acquired over a considerable period of time as it contained around four hundred pieces coming from most major excavations undertaken in Egypt in the late 19th and early 20th century, including the discovery of the Royal Cachette in Deir el-Bahri, the Montu priests burials in the Hatshepsut temple enclosure, the Bubastis excavations, and the Akhmim cemeteries discovery made in 1883 by Gaston Maspero (1846–1916), then Director of the Egyptian Antiquities Service. The Austrian consul bought his antiquities directly from the Egyptian Museum; this was the established practice for acquiring antiquities legally.
Three years after his trip to Egypt, the Archduke donated his entire Egyptian collection to a newly founded natural history museum in Olomouc. The museum adopted his name and was known as „Das Erzherzog Joseph Ferdinand Museum". It was opened another three years later in 1909. After the end of the Austro-Hungarian monarchy and under the auspices of the new Czechoslovak Republic the collection was merged with two other museums of Olomouc to create a Museum of the City of Olomouc, and eventually it was made part of the Regional Museum of Olomouc in 1953. The entire Olomouc Egyptian collection was transferred to Prague in 1981.
The place of origin of the two mummies is the Middle-Egyptian city of Akhmim (Egyptian names *Ipu* and *Khent-min*) located almost 500 km south of Cairo on the east bank of the Nile. The site was the cult centre of the god Min from the earliest times. Min was a deity of fertility and Akhmim hosted his large temple complex with several sanctuaries and other buildings to house the Min priesthood and other temple personnel. There were three large cemeteries in the immediate vicinity of the city, and they grew during the three millennia of its existence.
Two mummies with coffins plus one spare lid, which ended up in the Archduke's collection, in all likelihood came from the so-

Achmím / Akhmim

zde nalezeny doklady pohřbívání od Archaické až po Řecko-římskou dobu (okolo 3000 př.n.l. až 395 n.l.). Nejvíce nálezů pocházelo z Pozdní a Řecko-římské doby. Sám Maspero odhadoval, že na pohřebišti A bylo objeveno až deset tisíc mumií, z nichž jen každá dvacátá měla vlastní rakev. Achmímské mumie se díky svému množství dostaly do celé řady muzeí v Evropě a severní Americe. „Nadbytek" mumií ale také vedl k tragickému momentu, kdy byly používány jako palivo do lokomotiv na egyptské železnici a jejich obvazy byly vyváženy do Spojených států amerických na výrobu balicího papíru na potraviny.

called *Cemetery A,* the tombs of which were cut into a cliff three kilometres in length and 25 metres high. The cemetery was studied from 1844 to 1888. The burial activity lasted from the Archaic Period till the Greaco-Roman era (i.e. from 3000 BCE to 395 CE), with most of the finds dated to Late to Graeco-Roman periods. Maspero suggested that there might have been more then 10,000 mummies, with some five percent having coffins. The Akhmim mummies entered many museums of Europe and America. However, an "overflow" of mummies also caused a rather tragic occurrence, as they were used as cheaply available fuel for Egyptian railways while the wrappings were exported to the U.S. for brown paper pulp.

Nianchhapi
inv. č. P 6184

Rakev

Majitelem první ze dvou mumií s rakví byl Nianchhapi („Život patří [bohu] Hapimu“), synovi Nensekefa („On nezapadá“, jméno odkazuje na cirkumpolární hvězdy, které hrály významnou roli v egyptských náboženských představách o přechodu z tohoto na onen svět), o čemž nás zpravuje text zapsaný na vnější straně víka rakve. Soudě podle rakve a mumifikačních technik Nianchhapi žil na sklonku Pozdní doby, ale spíše až v Ptolemaiovské době. Rakev má celkově robustnější a více pravoúhlé vzezření, než jsme tomu zvyklí u rakví z Pozdní doby.

Rakev má černou trojdílnou paruku. Obličej je zjevně mužský a rakev má dokonce naznačeny vousy. K bradě byl původně připevněn usirovský vous, který se ale nedochoval. Hruď zdobí široký náhrdelník, jenž je tvořený řadami perel umístěných na tmavě červeném podkladu a jehož nákončí mají podobu sokolích hlav se slunečním diskem. Pod náhrdelníkem se nachází vyobrazení klečící okřídlené bohyně (pravděpodobně Nut). Následuje jeden široký registr s vyobrazením zemřelého ležícího na lvích márách uprostřed. Nad zemřelým se vznáší okřídlené slunce. Pod márami je vyobrazeno pět nádob používaných při mumifikaci (čtyři nádoby a jedna další nádoba). Po stranách klečí ochranné bohyně v roli plaček a synové boha Hora – Nebthet, Duamutef a Hapi (vpravo) a bohyně Eset, Amset a Kebehsenuf (vlevo). Počínaje tímto registrem je podkladová barva žlutá. Ve střední části následuje text zapsaný do sedmnácti řádků kurzivním hieroglyfickým písmem. Text zahrnuje obětní formuli a genealogické informace o zemřelém:

„Královská oběť Usirovi-Chentiimentiuovi, velkému bohu, pánu Abydu; Ptah-Sokar-Usirovi, velkému bohu, pánu tajemství; Anupovi, pánu posvátné země; a velké Esetě, božské matce, aby dali invokační oběť býků, ptáků, vína, kadidla, masti, oblečení, obětin, potravin, všech dobrých, čistých, lahodných a sladkých věcí pro ka Usira Nianchhapiho, syna Nensekefa, chváleného Velkým devaterem, milovaného Malým devaterem, chváleného v nekropoli!“

Po stranách textu je vyobrazení tří a tří bohů – soudců, kteří byli přítomni vážení srdce zemřelého, resp. poslednímu soudu nad zemřelým. Všechna božstva mají vous a jsou v sedící mumiformní podobě. Nad skrčenými koleny vystupují ruce, které drží stylizovaná pštrosí péra, symboly pravdy.

Nad špičkami nohou je (obráceně) ztvárněn jeden sloupec kur-

Nyankhhapi
Inv. No. P 6184

The Coffin

The owner of the first coffin bore the name of Nyankhhapi (“Life belongs to [god] Hapi), son of Nensekef (“The one who does not sink in”, i.e. a circumpolar star; the stars played an important role in the Egyptian conception of the passage into the Netherworld). His name and lineage were written on the outer side of the lid.

The coffin and embalming techniques used on the mummy suggest a very late Late Period or more likely a Ptolemaic date. The coffin is of a rather robust and angular shape, not corresponding to usual Late Period shapes.

The coffin lid displays a clearly male, bearded face framed with a black tripartite wig. The chin originally had an Osirian beard, which is now lost. The chest is covered with a broad necklace made of rows of beads on a dark red background; the clasps of the necklace are shaped like falcon heads. Below the necklace there is a kneeling winged goddess, most likely Nut. Further below follows a broad register with the deceased on a lion bier and the background colour changes to yellow. Above the figure of the deceased there is a winged sun. Five vessels used during the embalming (canopic jars plus another vessel) are placed beneath the bier, which is further accompanied by the kneeling figures of two goddesses as mourners and by four sons of Horus – Nephthys, Duamutef and Hapi on the right and Isis, Amset and Kebehsenuef on the left. The middle part of the lid further contains seventeen lines of cursive hieroglyphic script with an offering formula and an affiliation of the deceased:

"The offering the king gives to Osiris-Khentiamenti, great god, the Lord of Abydos, Ptah-Sokar-Osiris, great god, Lord of Secrets, Anubis, the Lord of the Sacred Land, and the great Isis, the Divine Mother, to give invocation offerings of bulls, poultry, wine, incense, unguents, clothes, offerings, food, all good, pure, delightful and sweet things for the ka of Osiris Nyankhhapi, son of Nensekef, praised by the Great Ennead, beloved of the Little Ennead, honoured in the necropolis."

The text is flanked on either side by three deities – they are the judges of the dead, participating in the last judgement. All deities are depicted as mummiform and sitting with Osirian beards and ostrich feathers, the symbol of truth and justice.

There is one column of cursive hieroglyphic text placed on the feet and it contains a caption to the depictions next to it:

zivního hieroglyfického textu, představující popisku k okolním vyobrazením: „Anup, který je na své hoře, ospravedlněný“. Po stranách textu jsou vyobrazeni dva šakalové (zosobnění buď boha Anupa nebo Veupuaueta) sedící na stylizované svatyni. Na spodní části podstavce je nakreslen ochranný kroužek *šen.*

Mumie

Nianchhapiho mumie je velmi poškozena. V minulosti předně došlo k oddělení hlavy od těla a k obnažení pravého ramenního kloubu. Tělo jako celek je zabaleno do široké vrstvy obvazového materiálu, na němž se až doposud dochoval zrzavě zbarvený rubáš. Mumii dále chránily původně čtyři kartonážové díly, ze kterých se však zachovaly pouze tři – poškozená maska, náprsník a nástehenník. Nánožník schází. Na náprsníku je vyobrazení duše *ba* (pták s lidskou hlavou), následuje široký náhrdelník s nákončími v podobě sokolích hlav. Dále je na náprsníku vyobrazena okřídlená bohyně (snad Nut) obklopená vyobrazeními čtyř synů boha Hora a registrem s vyobrazením části tribunálu bohů, kteří měli vynést rozsudek u posledního soudu. Výzdoba nástehenníku začíná registrem s vyobrazením

“Anubis who is upon his mountain, the Justified”. There are two jackals on the sides (representing either Anubis or Wepwawet); the jackal figures are placed on stylised shrines. The coffin pedestal bears a depiction of the *shen* sign (a symbol of protection).

The Mummy

Nyankhhapi’s mummy suffered substantial damage. His head had been detached from his body and his right shoulder joint had been denuded. The body is wrapped in a thick layer of bandages covered with a reddish mummy gown still preserved in place. The mummy was originally further protected by four pieces of cartonnage, of which only three survived: a damaged mask, a pectoral and a femoral piece. Leg covers are missing. The pectoral bears a *ba* bird depiction (a bird with the head of the deceased), followed by a wide necklace with falcon-head shaped clasps. The pectoral is further decorated with a figure of a winged goddess (presumably Nut) surrounded by the four sons of Horus and a line of deities forming a tribunal of the last judgement. The femoral piece contains a register with Isis

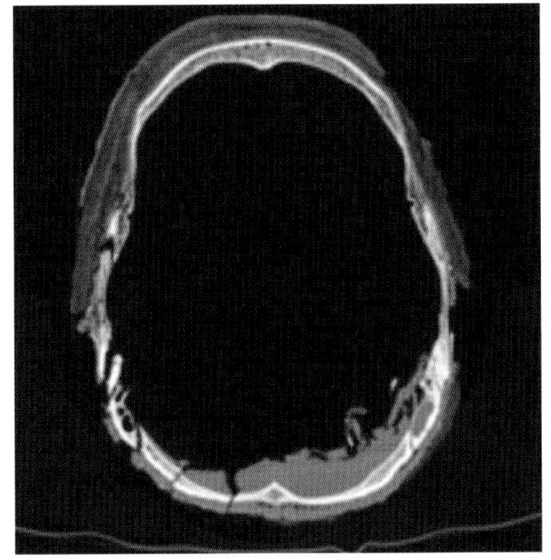

[4.A] Lebka: četné posmrtné zlomeniny a výplň pryskyřicí / Scull: post mortem fractures and resinous fillings

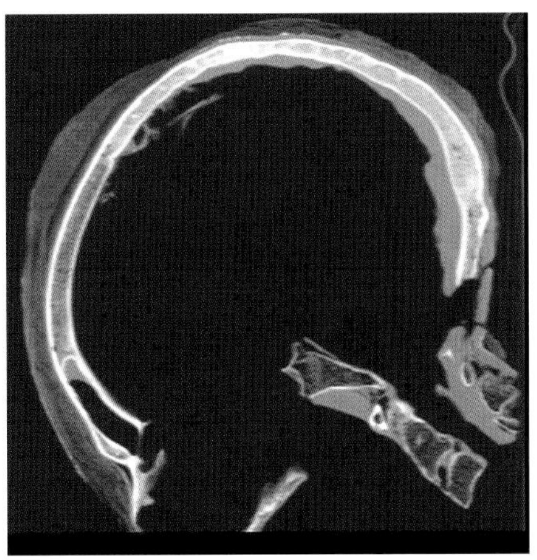

[4.B] Lebka: defekt nosní dutiny a posmrtné oddělení hlavy / Scull: defect of the nasal cavity and the post mortem separation of the head

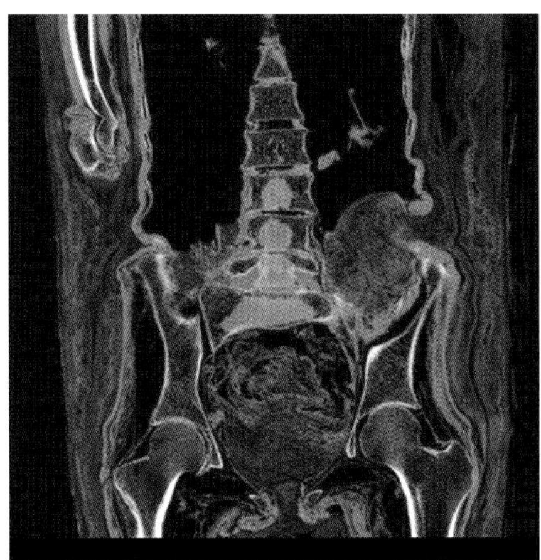

[4.C] Torzo: pitevní přístup z levé strany dutiny břišní a tkaninová mumifikační výplň / Torso: incision on the left side of the enterocoele and textile mummification fillings

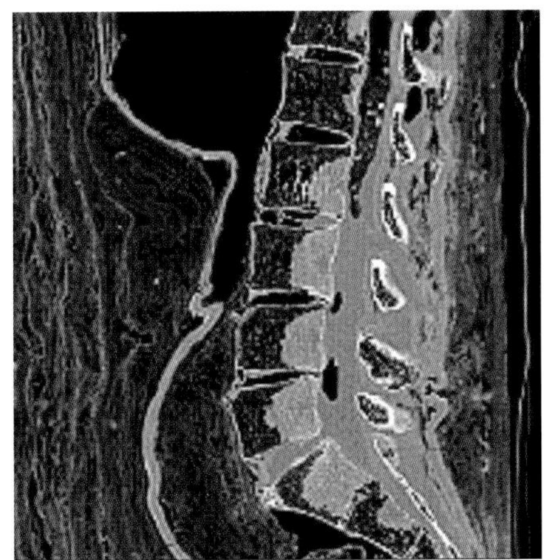

[4.D] Bederní páteř: hemangiom ve 2. obratli a impregnace obratlů pryskyřicí / Lumbar spine: a hemangioma in the second verterbra and resinous impregnation of vertebrae

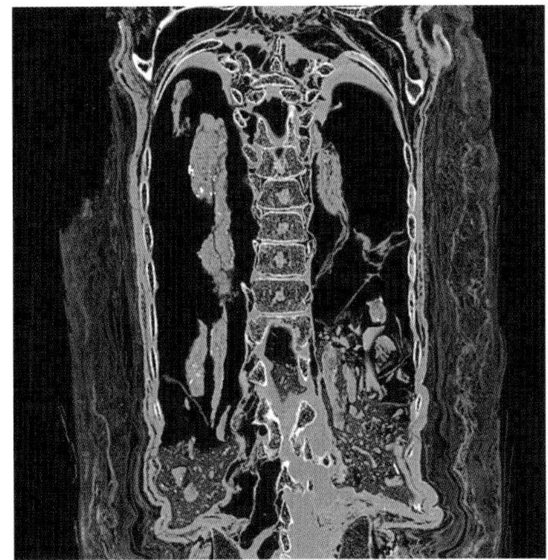

[4.E] Torzo: mumifikační výplň / Torso: mummification fillings

bohyně Eset a Nebthet klečících u már s mumií zemřelého. Pod tímto registrem je namalován okřídlený skarab tlačící sluneční disk, symbol znovuzrození. Následuje sloupec určený avšak nevyužitý pro text, který měl obsahovat obětní formuli a jméno zemřelého. Po stranách sloupce jsou namalovány řady perel.

Vyšetření výpočetní tomografií

Hlava mumie je oddělena od těla. Lebka byla posmrtně poškozena. Přes defekty zlomenin zatéká pryskyřice až na úroveň přední plochy 1. a 2. krčního obratle. Mozek byl vyňat cestou přední jámy lební přes čichové sklípky a nosní dutinu. Obě očnice jsou vyplněny nehomogenním obsahem, který odpovídá smotkům tkaniny.

Chrup je postižen četnými kazy, pozánětlivými změnami a kousací plochy jsou významně obroušeny. V dolní čelisti chybí 6. a 7. zub vpravo i vlevo.

Kontinuita páteře je přerušena v úrovni 3. krčního obratle. 4. a 5. obratel zcela chybí. Celá páteř je postižena degenerativními změnami podmíněnými věkem. V druhém bederním obratli je ložisko charakteru hemangiomu (benigní tumor vycházející z cévních kapilár). Páteřní kanál je vyplněný zatečenou pryskyřicí. Pryskyřice pronikla do kostní dřeně postižené osteoporózou.

V oblasti levého podbřišku se nachází řez, jímž byly při mumifikaci vyjmuty vnitřní orgány. Dutina hrudní je vpravo vyplněna dvěma oválnými balíčky, vlevo potom jedním. Patrny jsou zbytky mezihrudí. Břicho a pánev jsou vyplněny mumifikačním materiálem.

Na dolních končetinách jsou degenerativní změny kyčelních kloubů. Mezi stehny je uložen vřetenovitý vak. Horní končetiny jsou uloženy paralelně podél těla s dlaněmi na pánvi.

Nianchhapi zemřel mezi 40. až 60. rokem života.

and Nephthys kneeling next to a bier with the mummy of the deceased, then a winged scarab with its sun disk (a symbol of regeneration) further below, and finally a band flanked with rows of beads. The space in the middle of the band had been meant for text but was never used.

The CT Scanning

The head is detached from the body and the skull suffered post mortem damage. The fractures enabled the resin to enter the spine and drip as far down as the 1st and 2nd cervical vertebrae. The brain removal was performed through the nasal cavity. The orbits are filled with heterogenous material, closely resembling cloth.

The dentition shows marked signs of tooth decay and inflammation, and the teeth are substantially abraded. The first and second mandibular molars are missing both on the left and the right sides.

The spine is damaged at the level of the 3rd cervical vertebra, with the 4th and 5th vertebrae missing entirely. The spine was affected with age-related degenerative changes. In the second lumbar vertebra there is a possible hemangioma (a benign tumour of endothelial cells). The vertebral canal is filled with a resin spill and resin had also entered the spongy bones affected with osteoporosis.

There is an incision into the left lower abdomen. The thoracic cavity was filled with several packets; there are two in the left part and one in the right part. There are discernible remnants of the mediastinum. The abdomen and pelvis have a filling of mummification material.

The lower limbs, especially the hip joints, have marked degenerative changes. A fusiform bundle is placed between the femora.

The upper limbs are placed parallel, with hands in the pelvis.

Nyankhhapi died at somewhere between 40 to 60 years old.

Druhá mumie s rakví z Achmímu inv. č. P 6185, přezdívka „Haruška"

Rakev

Druhá rakev pocházející z Achmímu obsahuje mumii mladé ženy, přestože celkový tvar (především hlavová část) poukazuje na skutečnost, že rakev původně byla určena muži. Na rakvi se setkáváme se dvěma vrstvami výzdoby, které jsou snad výsledkem opětovného užití rakve pro pohřeb nepůvodního majitele. Tato „recyklace" rakví byla především v pozdějších obdobích egyptských dějin docela častá. Rakev lze a základě paralel datovat do Pozdní doby (715–332 př.n.l.).

Rakev je vyrobena ze sykomorového dřeva a skládá se ze dvou částí – víka a vany. Tvar rakve je antropomorfní s výraznou trojdílnou parukou a dodatečným podstavcem pod nohami. Celá rakev je natřena na černo a je zdobena žlutou a červenou barvou. Na paruku byla sekundárně dokreslena supí čelenka, typický dekorativní prvek ženských rakví Pozdní doby. Následuje široký náhrdelník s řadami perel a nákončími v podobě sokolích hlav. Pod náhrdelník je zobrazena klečící okřídlená bohyně (pravděpodobně Nut). Pod ní je umístěn rámeček s vyobrazením mumie na lvích márách, pod kterými jsou umístěny čtyři kanopy s víky v podobě hlav synů boha Hora. Pod tímto rámečkem jsou umístěny tři sloupce kurzívního hieroglyfického textu, po jehož stranách se nacházej vyobrazení čtyř synů boha Hora – Amseta a Duamutefa (vlevo), Hapiho a Kebehsenufa (vpravo). U vyobrazení těchto démonů se nachází popisky s jejich jmény. V oblasti špiček nohou se nachází vyobrazení dvou šakalů (představující božstva Vepuaueta nebo Anupa) sedících na stylizovaných svatyních. Ze spodu na podstavci se nachází ochranný kroušek *šen.* Vana rakve je zdobena pouze zevnitř, kde je velké vyobrazení bohyně Západu (*Imentet*) stojící na standartě.

Tři sloupce kurzívního hieroglyfického, v některých momentech až hieratického textu obsahují obětní formuli včetně genealogických informací o původním nebo druhém majiteli. Pasáž se jménem majitele rakve uvádí několik špatně čitelných spíše hieratických znaků, které v minulosti byly interpretovány jako mužské jméno Har. Na toto čtení je v současnosti nahlíženo kriticky. Otcem majitele rakve byl kněz Džedesetjufanch, který měl v Minově chrámu na starosti odívání božských obrazů, tedy soch, a přísun obětin. Text zní:

„Královská oběť Usirovi-Chentiimentiuovi, velkému bohu, pánu Abydu. On dává invokační oběti ... piva ... býků, ptáků, kadidla, mléka,

The second Akhmim Mummy with Coffin Inv. No. P 6185, "Harushka"

The Coffin

The second coffin from Akhmim contains the mummy of a young woman despite the fact that the coffin itself is shaped for a male; also its decoration is applied in two layers, suggesting a secondary reuse or "recycling" of the coffin. Coffin recycling was a frequent occurrence, especially in later eras of Egyptian history. The coffin can be dated to the Late Period (715–332 BCE).

It is made from sycamore wood and has a lid and a casket. The coffin shape is anthropoid with a marked tripartite wig and an added stand. The entire coffin is painted black and decorated with red and yellow paint. The wig has the added motif of a vulture cap, characteristic for female coffins of the Late Period. There is also a broad necklace composed of beads with falcon-head shaped clasps. Beneath, the lid is decorated with a kneeling winged figure of a goddess, possibly Nut, and still below her there is a framed depiction of a mummy on its lion bier. There are four canopic jars with stoppers shaped like heads of the four sons of Horus underneath the bier.

Three columns of cursive hieroglyphic texts follow under this depiction. The texts are accompanied by the four sons of Horus again – Amset and Duamutef on the left and Hapi and Kebehsenuef on the right. The demigods have their names written next to them. The tops of the feet are covered with paintings of two jackals (representing Anubis and Wepwawet), recumbent on stylised pedestals, with the protective *shen* sign painted on the sole of the feet.

The coffin is decorated on the inside only, showing the Goddess of the West (*Imentet*) and her standard.

The aforementioned three bands of text, written in cursive hieroglyphs that verge on hieratic, contain an offering formula with a filiation, possibly of the first or of the second owner of the coffin. A poorly legible section was formerly read as the male name (Har), but this reading has been recently disputed. The deceased's father's name was probably Djedesetiuefankh, the priest who dressed the divine images (statues) in the Min temple and procured offerings.

The text says:

"An offering the king gives to Osiris-Khentiamenti, Great God, Lord of Abydos. He gives the invocation offerings of ... beer, bulls, fowl, incense,

vína, všech dobrých, čistých a lahodných věcí a božského života tam pro Usira … (?) syna/dceru kněze sema *v Ipu (Achmímu), písaře obětin (boha) Mina Džedesetjufancha, ospravedlněného!“*

Mumie

Mumie je ve velmi dobrém stavu. Obvazy jsou téměř nepoškozené. Zdá se, že mumie nebyla zabalena do rubáše. Na mumii se v ne nejlepším stavu dochovaly všechny z původních čtyř kartonážových dílů. Všechny kartonážové díly jsou zdobeny podobně jako rakev samotná, avšak výrazněji více barevně.
Maska tvarem imituje trojdílnou paruku. Na temeni je namalován skarab, který předními nožkami posunuje slunce a zadními svírá ochranný kroužek *šen*. Oči a především ústa jsou namalována až přehnaně. Mezi předními díly paruky je namalován široký náhrdelník.
Náprsník pokračuje tématem širokého náhrdelníku, kterému následuje vyobrazení klečící okřídlené bohyně, na jejíchž křídlech doslova stojí čtyři synové boha Hora. Pod jejími křídli leží dva šakali. Výzdoba nástehenníku je rozdělena do tří částí. Horní registr zobrazuje fetiš, kolem nějž sedí ochranné bohyně Eset a Nebthet. Za bohyně jsou potom vyobrazeny po jedné mumiformní bytosti, snad synové boha Hora. Následuje registr, kde se střídají Esetiny uzly se sloupky *džed*. V posledním a nejrozsáhlejším registru je vyobrazena analogie k širokým náhrdelníkům. Nánožník je zdoben vyobrazením špiček nohou shora a šlapek zespodu.

Vyšetření výpočetní tomografií

Lebka je vyplněná pryskyřicí, která vytváří fixované hladiny tekutiny podél týlní kosti a kostí skalních. Mozek byl vyňat cestou přední jámy lební a čichových sklípků a nosní dutinou. Očnice jsou nejspíše vyplněny kombinací tkaniny a tkáňových zbytků. Čelistní dutiny jsou volné.
Zuby jsou nápadně zachované bez známek obroušení kousacích ploch. V horní čelisti vlevo je patrná zlomenina 6. zubu s pozánětlivým ložiskem při jeho kořeni.
Na páteři nejsou degenerativní, ani chorobné změny. Velikost i tvar obratlových těl je normální. Do páteřního kanálu pronikla pryskyřice.
V dutině hrudní jsou oboustranně symetricky uloženy celkem čtyři balíčky s vnitřními orgány, impregnované pryskyřicí. Podél zadní stěny hrudníku oboustranně jsou proužkovitá depozita zatečené pryskyřice. Dutina břišní je vyplněna impregnovanými textiliemi. V levém podbřišku se nachází pitevní řez.

milk, wine, and all good, pure and delightful things and divine life for Osiris … (?) son/daughter of the sema priest of Ipu, offering scribe of Min Djedesetiuefankh, justified!"

The Mummy

The mummy is in a very good state of preservation. Its bandages are almost intact, and it seems that there was no shroud or mummy gown. All four pieces of cartonnage are well preserved and show the same decoration as a coffin would, but in more vivid colour. The mask imitates a tripartite wig in shape. The crown of the head bears a scarab, whose front legs move a sun disk and hind legs clutch a *shen* sign. The eyes and mouth of the face are executed in an almost exaggerated style. The frontal lappets of the wig frame rows of a necklace. There follows a pectoral, again repeating the decorative scheme of a broad necklace, a kneeling figure of a winged goddess, with the four sons of Horus on her wings and two recumbent jackals under them.
A femoral piece has a tripartite decoration. Its upper part shows a fetish flanked by seated figures of Isis and Nephthys, each accompanied by another mummiform being, possibly again a son of Horus. The middle part consists of a register filled with alternating Isis knots and *djed* pillars. The lowest register repeats the theme of a broad necklace in reverse, a kind of oversized anklet. The foot piece of the cartonnage carries a painted decoration showing human feet and their soles.

The CT Scanning

The skull cavities are filled with resin, which formed a liquid layer lining the occipital bone and the petrous portion of the temporal bone. The excerebration was performed through the nasal cavity. The orbits are filled probably with remnants of tissue and textile matter. The sinuses are empty.
The dentition is intact, showing no signs of abrasion. The maxillar first molar was broken and there was an inflammatory response at its root.
The spine shows no degenerative changes or signs of disease and the vertebrae have standard shapes. The mummification resin entered the vertebral canal.
The thoracic cavity contains four symmetrically placed packets of internal organs infused with resin. The thorax interior shows resin leaked in ribbon-like deposits at the back. The abdominal cavity is packed with resin-saturated cloth. The standard incision is on the left lower abdomen.

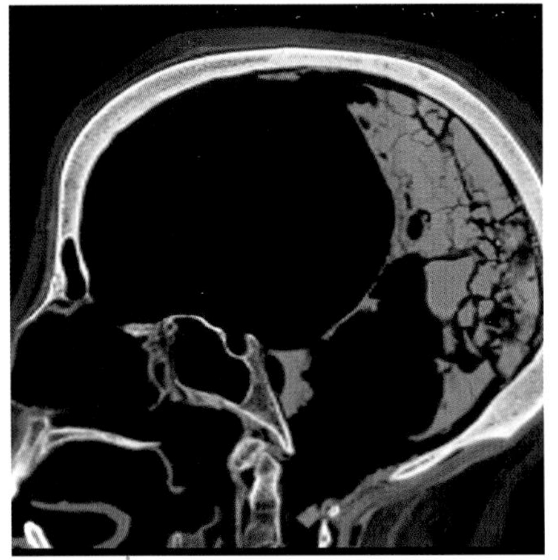

[5.B] Lebka: defekt přední jámy lební / Scull: defect of the anterior cranial fossa

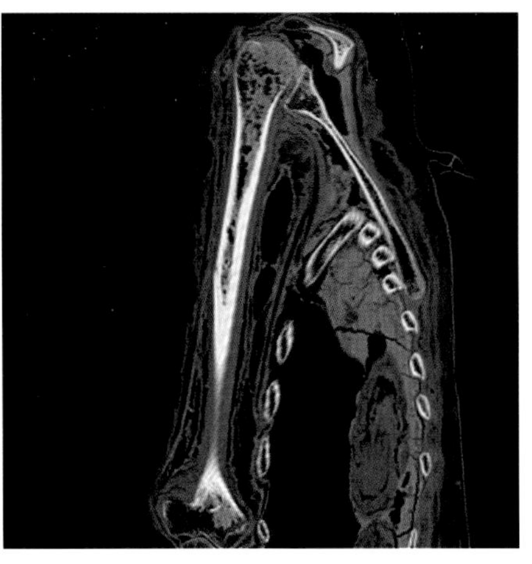

[5.C] Pažní kost vlevo: strukturální přestavba dřeně – non-Hodkgkinský lymfom / Left humerus: structural remodeling of bone marrow – Non-Hodgkin lymphoma

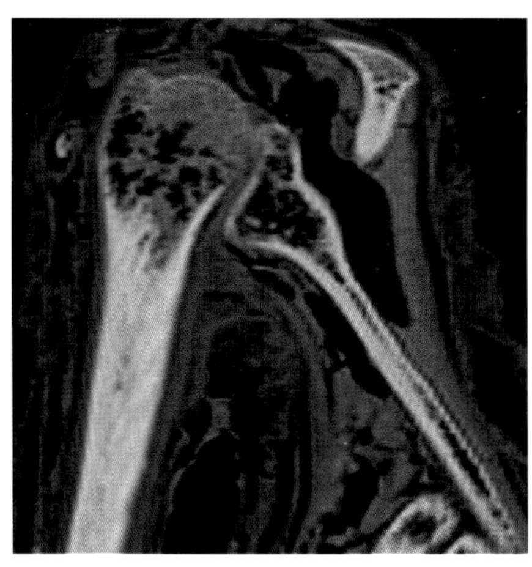

[5.D] Pažní kost vlevo a detail lopatky: strukturální přestavba dřeně – non Hodkgkinský lymfom / Left humerus and a detail of the bladebone: structural remodeling of bone marrow – Non-Hodgkin lymphoma

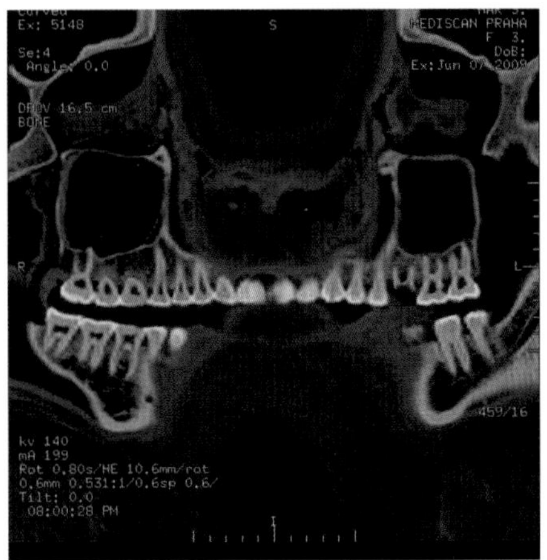

[5.E] Zubní analýza: zlomenina 6. zubu v horní čelisti vlevo / Tooth analysis: odontoclasis of the sixth tooth in the left upper jaw

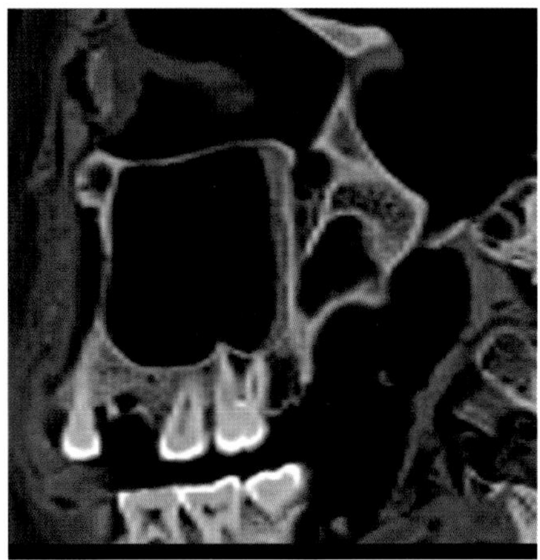

[5.F] Zubní analýza: kořenová cysta při 6. zubu v horní čelisti vlevo / Tooth analysis: root cyst by the sixth tooth in the left upper jaw

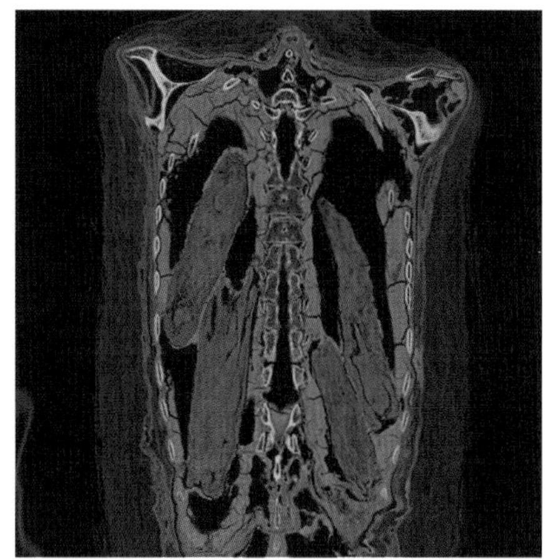

[5.G] Hrudník: čtyři balíčky s vnitřnostmi / Thorax: four visceral bags

Dřeň kosti pažní vlevo je prostoupena skvrnitými změnami s převahou sklerotizace. Vlastní ohraničení kosti je zachované. Nejsou patrné příznaky předchozího traumatu, ani případného zánětu. Změny stejného charakteru v menším rozsahu postihují i levou lopatku.
Z hlediska počítačové tomografie může být pravděpodobnou příčinou tohoto nálezu onemocnění typu non-Hodgkinského lymfomu. Jedná se o zhoubné onemocnění lymfocytů postihující mimo jiné krvetvornou dřeň. V dnešní době je toto onemocnění, jež má dva vrcholy – raná dospělost (15–25 let) a v pozdním dospělém věku (okolo 55 let) –, léčitelné s úspěšností 90–95 procent, a to i v pokročilém stádiu nemoci. Léčba tohoto onemocnění je jasným důkazem úspěchu moderní vědy. Před pouhou generací, stejně jako před 2500 lety, bylo toto onemocnění smrtelné. První vrchol nemoci odpovídá věku úmrtí zkoumané mumie.
Ostatní skelet je bez patologických změn. Nejsou patrné ani známky degenerativních, ani přestavbových změn.Horní končetiny jsou zkřížené na prsou.

The left humerus shows sclerotisation marks, though the bone itself kept its shape. There are no signs of injury or inflammation. Similar characteristics are discernible on the left scapula. As far as the computed tomography allows, it is possible to suggest a diagnosis of a Non-Hodgkin lyphoma, a malignant disease affecting the lymphocytes and interfering with blood production in the bone marrow. Modern medicine considers this disease, which peaks in young adults (15 to 25 years) and again in mature age (around 55 years) as treatable with 90 to 95 percent success, including more advanced cases. The treatment is a success story for modern science; a mere generation ago (as well as 2,500 years ago) this was a terminal illness. The first peak of the disease's activity corresponds to the age at death of this particular mummy.
Apart from this change, the skeleton otherwise has no pathological changes or degenerative marks. The upper limbs are crossed over the chest.

Břichatá rakev s mumií z Gamhúdu inv. č. P 624, přezdívka „Gamhúdice

Do sbírek Národního muzea – Náprstkova muzea asijských, afrických a amerických kultur se různými způsoby dostaly tři rakve s mumiemi pocházející z řecko-římského pohřebiště v Gamhúdu. Toto středoegyptské archeologické naleziště se v roce 1907 stalo místem působení první rakousko-uherské archeologické expedice na březích Nilu. Expedici vedl mladý a velmi talentovaný egyptolog z Krakova, Tadeusz Smoleński (1884–1909), a financoval ji maďarský obchodník Philip Back (1862–1958), jenž chtěl získat, a také získal, prostřednictvím archeologických výzkumů (nejen) pro Uhersko sbírku egyptských starožitností. V meziválečné době měl tento světoběžník domovské právo v Československu a svým způsobem tak také patří do dějin české, potažmo československé egyptologie.

Smoleński a Back spojili své síly již v roce 1906, kdy zahájili výzkumy v blízkosti vesnice jménem Šarúna na východním břehu Nilu u středoegyptského města Fašn. U Šarúny objevili staroříšskou hrobku hodnostáře Pepiancha Chua a jeho manželky Merut a malý chrám postavený Ptolemaiem I. Sotérem I. (305–285 př.n.l.) a jeho synem Ptolemaiem II. Filadelfem (285–246 př.n.l.).

Ve stejné době, avšak na opačném břehu Nilu místní feláh náhodně objevil doposud neznámé pohřebiště z Řecko-římské doby. Ve vidině velkého zisku feláh spojil své síly se starožitníkem z města Bíbe a za pomoci najatých beduínů započali s nelegálními výkopy. Dva z beduínů však jejich protiprávní činnost nahlásili na pobočce památkové správy v Mínii, která učinila výkopům rychlou přítrž. Tehdejší ředitel památkové správy Gaston Maspero (1846–1916) okamžitě telegraficky pověřil svého žáka a chráněnce Tadeusze Smoleńskeho, aby v Gamhúdu provedl záchranný výzkum.

Smoleński s výzkumem započal 5. března 1907, avšak kvůli zdravotním problémům musel přerušit práce přesně za tři týdny. Vedení výzkumů převzal egyptský archeolog Ahmad Kamal bej (1851–1923) a ukončil vykopávky během několika málo dní 2. dubna 1907. Většina nálezů byla odeslána do káhirského muzea. Smoleński se vrátil do Gamhúdu mezi 15. listopadem 1907 a 5. únorem 1908. Starožitnosti byly v Káhiře rozděleny na dvě části. Jedna zůstala v Egyptě, druhá byla předána Backovi. Back gamhúdskými rakvemi podělil muzeum v Budapešti (dnes Muzeum krásných umění a Přírodovědecké muzeum), krakovskou akademii (dnes Archeologické muzeum), Dvorské muzeum

The Belly Coffin with the Mummy from Gamhud Inv. No. P 624, "The Gamhudite"

The Náprstek museum collections are the home of three mummies with coffins, which arrived, albeit in different manner, from one site – the Graeco-Roman cemetery of Gamhud. The Middle Egyptian archaeological site of Gamhud hosted the first Austro-Hungarian archaeological mission to Egypt in 1907. The mission was headed by a young and talented Egyptologist from Cracow, Tadeusz Smoleński (1884–1909), and was sponsored by a wealthy Hungarian merchant Philip Back (1862–1958), who intended and succeeded in creating a collection of Egyptian antiquities, mainly but not exclusively for Hungary. Back, a cosmopolitan, had the domicile right in Czechoslovakia during the interwar period, and thus belongs also to the history of Czech (or rather Czechoslovak) Egyptology.

Smoleński and Back previously collaborated in 1906, starting a dig near a village named Sharuna on the east bank of the Nile close to the town of Fashn in Middle Egypt. The Sharuna excavations unearthed an Old Kingdom tomb of a dignitary called Pepiankh Khui and his wife Merut, as well as a Ptolemaic shrine built by Ptolemy I Soter (305–285 BCE) and his son Ptolemy II Philadelphus (285–246 BCE).

Simultaneously on the opposite bank of the river, a peasant made an accidental discovery of an as yet unknown cemetery from the Graeco-Roman period. The fellah hoped for high gains and began working with an antiquities dealer from a nearby town of Biba. They hired a group of Bedouins and started an illegal dig; however, two of the Bedouins reported their activity to the Antiquities Service office at Minya, and the Service stopped the excavation forthwith. The director of the Antiquities Service Gaston Maspero (1846–1916) wired his pupil and protégé Smoleński and entrusted him with a rescue mission in Gamhud.

Smoleński started working on March 5th, 1907, but within three weeks had to stop due to his incipient illness. The excavation was then led by Ahmad Kamal bey (1851–1923), an Egyptian archaeologist, who concluded the works in a few weeks by April 2nd 1907. The majority of finds were then transferred to the Cairo museum.

Smoleński returned to Gamhud for another season from 15 November 1907 to 5 February 1908. The resulting finds were divided into two parts, half remaining in Egypt, the other half destined for Back. Back divided his Gamhud coffins among the museums in Budapest (today's the Museum of Fine Arts and the Museum of

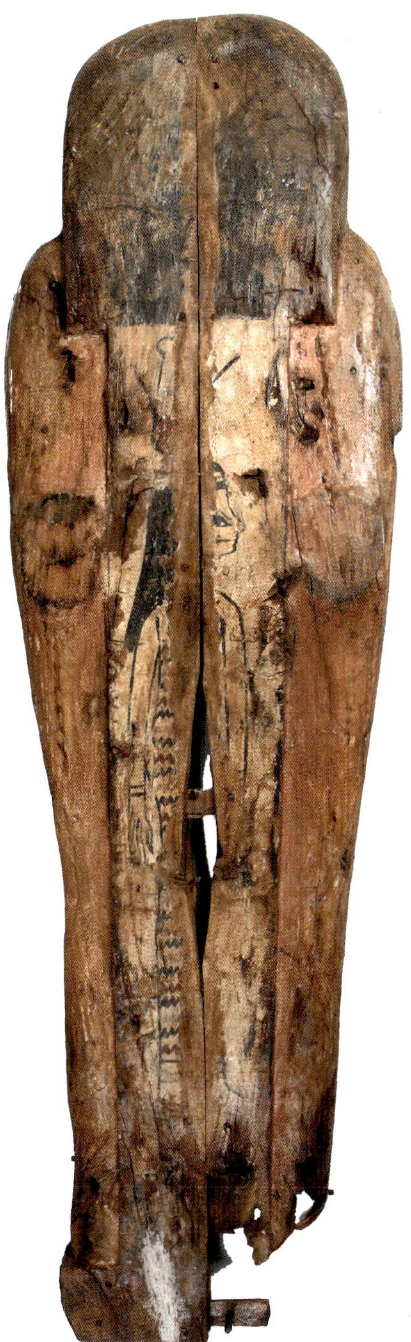

ve Vídni (dnes Umělecko-historické muzeum). Další kusy se dostaly na hrady a zámky v celé bývalé habsburské monarchii – od Malopolska po Transylvánii. Podíl, který zůstal v Egyptě, byl zčásti rozprodán soukromým zájemcům. Touto cestou se tak do Evropy dostaly další exempláře gamhúdských rakví.
Smoleński zemřel velmi mlád v roce 1909. V čase, který mu byl vymezen, bohužel nestihl své výzkumy vypublikovat. Zveřejnění se dočkala pouze ta část materiálu, kterou vykopal Ahmad Kamal Bej. Ani jedna z rakví, které se v současnosti nacházejí ve sbírkách Náprstkova muzea, není mezi publikovaným materiálem, takže musely být objeveny ještě Smoleńskim.
Pohřebiště, ze kterého rakve pochází, bylo objeveno půl hodiny chůze na západ od vesnice v Gamhúdu. Tvořil jej půlkruhový pás v poušti dlouhý asi půl kilometru dlouhý a sto metrů široký. Byly v něm objeveny dva druhy hrobek. Střední část pohřebiště byla určena pro chudší pohřby, vnější pro bohatší. Na lokalitě bylo objeveno celkem sedmdesát rakví.
V případě dvou rakví s mumiemi (P 623, P 624) neznáme přesné okolnosti, za kterých se dostaly do sbírek Národního muzea, avšak v případě třetích (P 622) víme, že rakev s mumií zakoupil kníže Jan Coudenhove-Kalergi v Berlíně a uchovával ji na svém zámku v Poběžovicích. Rakev byla do sbírek Náprstkova muzea převedena v roce 1948, ale prázdná. Mumie byla náhodou objevena o 22 let později v cihlové kryptě. Stav mumie a pozdní přivolání muzejních specialistů vedlo k rozpadu mumifikovaného těla. Ve sbírkách Náprstkova muzea se momentálně nachází pouze téměř kompletní kostra a části obalového materiálu.

Rakev

Tato břichatá rakev je vyrobena ze sykomorového dřeva (Ficus sycomorus) a sestává ze dvou částí – víka a dna. Rakev má robustní antropomorfní tvar doplněný o podstavec. Víko je vyrobeno z jednoho hlavního kusu dřeva a je relativně dobře zachováno. Dno je tvořeno dvěma hlavními prkny spojenými čepy a je především v nožní části značně poškozeno.
Rakev má trojdílnou černě barvenou paruku. Obličej – spíše ženský – je omalován bíle. Nos byl vyroben ze samostatného kusu dřeva a v současnosti je uvolněný. Vnější povrch těla rakve (vyjma registrů s výzdobou) je omalován starorůžovou barvou, což je příznačné pro gamhúdské rakve. Horní část víka rakve je zdobena širokým náhrdelníkem, pod nímž je vyobrazena klečící okřídlená bohyně se slunečním diskem na hlavě. Pod ní se nachází registr se znázorněním mumie zemřelé leží-

Natural History), the Academy in Cracow (now the Archaeological museum) and the Imperial Court Museum in Vienna (now the Art History museum). Several pieces found their way into various aristocratic collections across the Habsburg monarchy, from Lesser Poland to Transylvania. Some of the material which had remained in Egypt was then also partially sold, and further coffins from Gamhud made their way to European collections.
Smoleński died young in 1909 and had thus no time to publish his findings. Only the excavations by Ahmad Kamal bey were published. As none of the Prague coffins can be found in Kamal's volume, they must have been discovered by Smoleński.
The cemetery of origin was uncovered west of the village of Gamhud, at a distance of approximately a half-hour walk from the village. It was composed of a semicircular belt, half a kilometre long and approximately one hundred metres wide. It contained two main types of burials. The centre of the necropolis contained more meagrely furnished internments, while the outer fringes had more affluent ones. The site yielded seventy coffins altogether.
Two of the Prague coffins with mummies (P 623, P 624) came to the collections of the National museum in an as yet unknown way. The third one was bought by Prince Johann Coudenhove-Kalergi in Berlin and kept at his chateau of Poběžovice. The coffin arrived at the Náprstek museum in 1948, but it was then empty. The mummy was discovered almost by accident 22 years later in a crypt. The state of the mummy led to a disintegration of the body. The situation was not helped by a late arrival of conservation specialists. Only a skeleton and fragments of the wrappings survive now in the Prague collection.

The Coffin

The coffin has a distinctly pot-bellied shape and is made of sycamore wood (Ficus sycomorus). It has a robust anthropoid shape with a pedestal, and a well preserved lid and casket. The lid is made of one plank of wood. The bottom part of the coffin is made from two pieces of wood joined together and rather decayed at its lower (foot) end.
The coffin has a tripartite black coloured wig. The face – giving rather the impression of a female countenance – is painted white. Its nose was made from a separate piece of wood and is now detached. The outer surfaces of the coffin, except for the bands and registers have a powder pink colour, which is typical for Gamhud coffins.
The upper part of the coffin has a necklace decoration followed further below by a kneeling winged goddess with a sun disk on

cí na márách. Pod márami jsou umístěny čtyři kanopy s víky v podobě hlav synů boha Hora. Ze stran je registr ohraničen pruhy s vlnkami (hieroglyf symbolizující vodu), což je příznačný durativní prvek pro gamhúdské rakve. Na spodní části víka se nachází jeden sloupec hieroglyfického textu s obětní formulí („Oběť, kterou dává král Sirovi-Chentiimentiuovi, pánu Abydu...") následovanou nedochovaným jménem zemřelého. Dále nad špičkami nohou jsou vyobrazeni dva šakalové (zosobnění boha Vepuaueta, případně Anupa) sedící na stylizované svatyni. Na vnější straně dna je vyobrazena bohyně Eset, případně Hathor s korunou skládající se ze slunečního disku zasazeného do kravích rohů, nad kterým jsou umístěna dvě pštrosí pera.

Mumie

Textilní obaly mumie jsou výrazným způsobem poškozeny. Obě chodidla dokonce odpadla.

Vyšetření výpočetní tomografií

Mumie náleží ženě, která se dožila věku 50–60 let věku. Její lebka má normální tvar. Kostní trámčina má skvrnitou strukturu, což může značit, že tento jedinec trpěl osteoporózou (řídnutí kostí). Mozek byl během mumifikace odstraněn skrze přední jámu lební, jak dokládají defekty čichových sklípků a široce otevřené nosní průduchy. Touto cestou byly do dutiny lební umístěny tkaniny napuštěné pryskyřicí. Očnice jsou zřejmě vyplněny tkaninou a přesněji neurčenou náhradou očí. Oblast středouší oboustranně vykazuje známky chronických zánětlivých změn. Do levého zevního zvukovodu zatekla během mumifikace pryskyřice. Podobně i v dutině ústní se setkáváme s jejími depozity. Chrup zemřelé je velmi poškozen jednak obroušením kousacích ploch, dále četnými kazy, ale i posmrtnými zlomeninami.

V oblasti krku byl nalezen nádorový vřetenovitý měkko-tkáňový útvar odpovídající chorobně zvětšené štítné žláze – strumě. Je zde zřejmý útisk zbytku průdušnice proti přední ploše krčních obratlů. Příčin zvětšení štítné žlázy může být několik. V současnosti se s tímto onemocněním setkáváme při nedostatku jódu v potravě, nebo při hormonálních poruchách, případně při zánětu štítné žlázy nebo i nádorovém postižení.

Na páteři jsou zastižené degenerativní změny podmíněné věkem s deformacemi obratlů ve středním úseku hrudní páteře. Podobně také na páteři jsou známky osteoporózy.

Hrudní koš a břicho jsou vyplněny jednak napuštěnými smotky tkaniny a ztuhlým, původně tekutým obsahem. V levém pod-

her head. Beneath the goddess there is a register with the depiction of the mummy on its bier and four canopic jars with stoppers in the forms of heads of the four sons of Horus below it. This register is framed with wavy lines signifying water, another typically Gamhudian feature. The lower part of the lid bears a band of hieroglyphic text with the usual offering formula ("An offering, which the king gives to Osiris, lord of Abydos etc.) with the name of the deceased. At the bottom there are two jackals of Wepwawet or Anubis recumbent on their shrines.

The outer surface of the coffin proper carries an image of Isis or Hathor with a crown composed of a sun disk, bovine horns and two ostrich feathers.

The Mummy

The mummy wrappings sustained significant damage and both soles fell apart.

The CT Scanning

The mummy belongs to a woman, and her age at death was between 50 and 60. The skull has a standard shape and its bone structure shows possible signs of osteoporosis (changes in bone density). The brain removal was performed through the nasal cavity, as the nasal bone shows defects and the nasal openings are remarkably wide.

The same route was probably used for the insertion of cloth saturated with resin into the cranial cavity. The orbits were most likely filled with cloth as well and the eyes thus have some sort of artificial replacement.

The middle ear area shows signs of inflammation. Mummification resins penetrated into the left external auditory canal and also entered the buccal cavity. The dentition was significantly abraded and affected by tooth decay as well as post mortem fractures.

There is a fusiform tumour-like soft tissue formation in the throat area, corresponding to a case of goitre. A deformed thyroid was clearly already pressing on the trachea and pushing it against the cervical vertebrae. Goitre has various causes; in more recent times it is usually caused by an insufficient intake of iodine, hormonal changes, an inflammation of the thyroid, or even by cancer of the thyroid.

The spine shows age-related degeneration – especially the thoracic vertebrae are deformed — and it also shows signs of osteoporosis.

The rib cage and abdomen were filled with saturated cloth and a liquid which solidified. The left lower abdomen bears an incision, which served for the organ removal.

břišku je patrný otvor, kterým byly z těla zemřelé vyňaty vnitřní orgány. Ve střední třetině levé kosti vřetení je patrná zhojená zlomenina. Na nosných kloubech jsou degenerativní změny podmíněné věkem a osteoporózou. Mezi stehny je uložen vřetenovitý vak s mumifikovaným materiálem. Horní končetiny jsou uloženy paralelně podélně s dlaněmi na pánvi.

Datace

V rámci prvního výzkumu egyptských mumií v 70. letech 20. století byly provedeny datace vzorků z mumie pomocí radiokarbonové metody (C14), které mumii datují do Třetí přechodné doby (1023 ± 144 př.n.l. a 978 ± 124 př.n.l.). Tato datace odpovídá dataci mumie na základě mumifikačních metod. Bohužel musíme konstatovat, že rakev a mumie společně nesouvisejí. K záměně mohlo dojít ještě v Egyptě, kde byla mumie zakoupena, případně – ale méně pravděpodobně – později v Evropě.

The left radius suffered a fracture in its middle part, which nonetheless had healed satisfactorily. The large joints of the appendicular skeleton have marked degenerative changes, both age-related and osteoporosis-related. There is a spindle-like bundle of mummified material placed between the femora. The upper limbs were placed parallel and with hands on the pelvis.

Dating

During the first examination of the mummies in the 1970s radiocarbon dating of samples from this mummy were undertaken. The samples produced the dates 1023 ± 144 BCE and 978 ± 124 BCE, corresponding to the Third Intermediate period. The dating also corresponds to the mummification methods, but would not fit with the coffin, which was then clearly added later. A “mix up” of a mummy and a coffin might have occurred already in Egypt, or – much less likely – later in Europe.

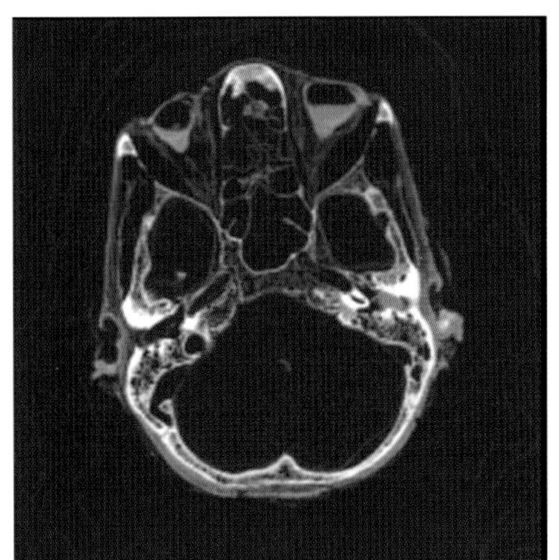

[6.A] Lebka: oční náhrady / Scull: eye replacements

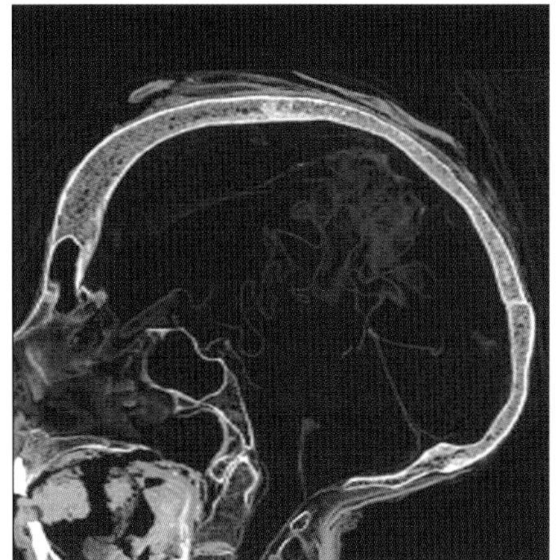

[6.B] Lebka: mumifikační výplň / Scull: mummification fillings

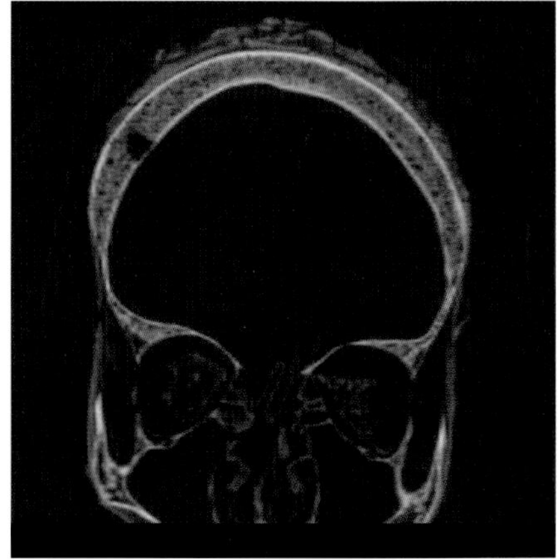

[6.C] Lebka: osteoporóza / Scull: osteoporosis

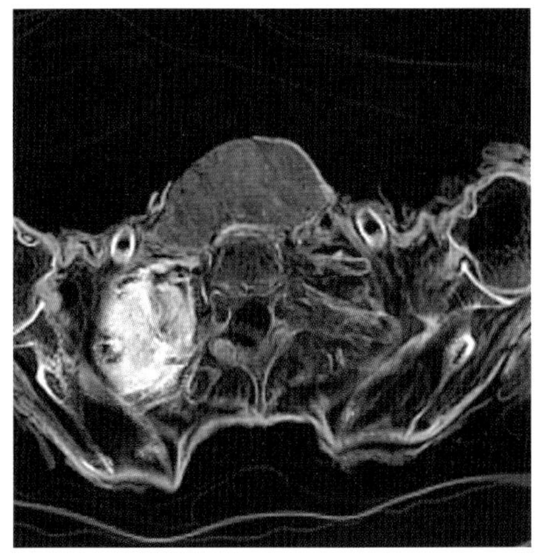

[6.D] Krk: struma / Neck: groite

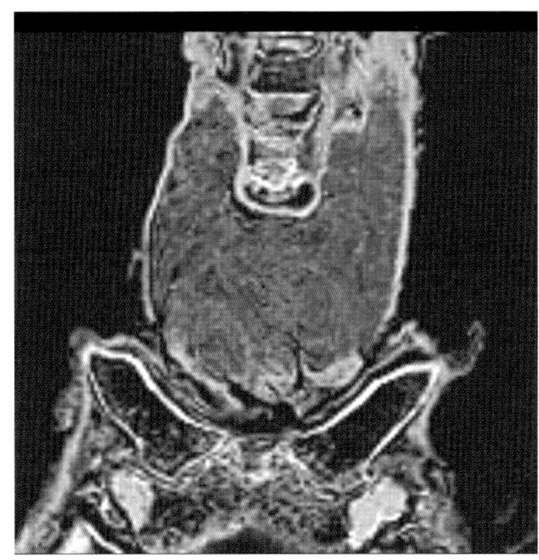

[6.E] Krk: struma / Neck: goitre

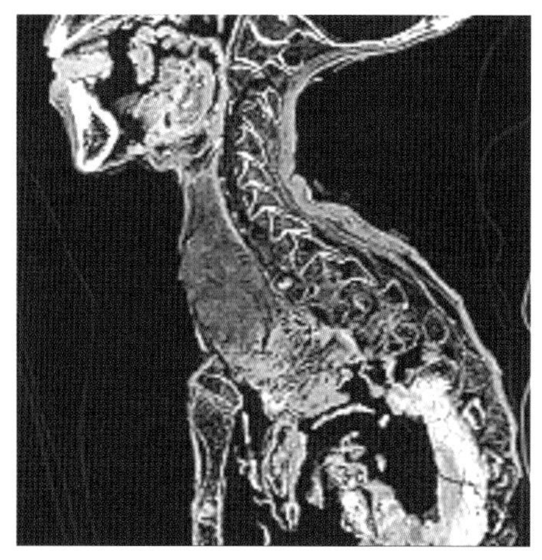

[6.F] Krk: struma / Neck: goitre

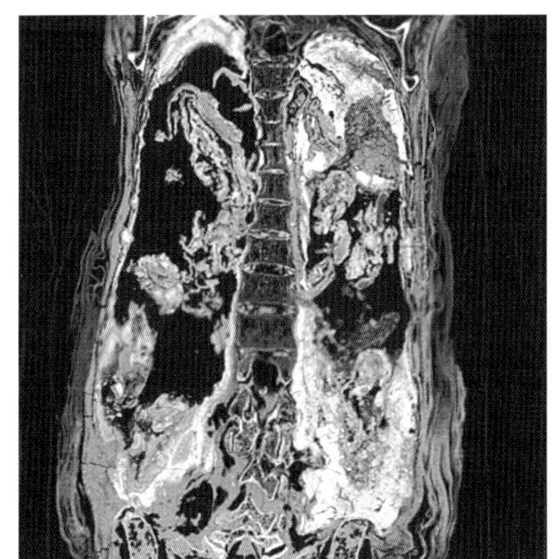

[6.G] Torzo: mumifikační výplň / Torso: mummification fillings

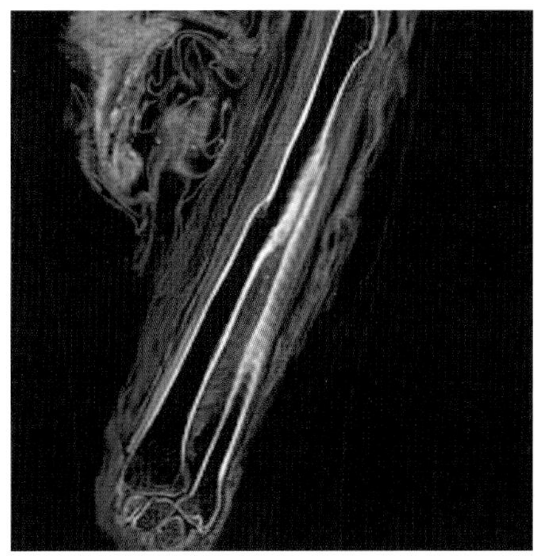

[6.H] Levá kost vřetenní: zhojená zlomenina / Left radius: healed fracture

Mumie vznešené paní domu Tajkašet [inv. č. P 625]

Rakev s mumií Tajkašet se do sbírek Národního muzea dostala cestou, kterou by jen málokdo očekával. Jejím dárcem byl jistý pan Rudolf Müller, německý občan žijící v Drážďanech, jenž se v roce 1925 rozhodl přesídlit do Spojených států amerických. Jeho přítel, který žil v New Yorku, jej informoval, že bankéř, finančník a sběratel John Piermont Morgan, Jr. (1867–1943), syn Johna Piermonta Morgana (1837–1913), zakladatele slavného bankovního domu, zřídil na Madison Avenue veřejné muzeum a že za velmi dobré ceny kupuje starožitnosti a umělecké předměty. Müllerův přítel se Morgana zeptal, zda by měl zájem o koupi pravé egyptské mumie v rakvi, kterou by Rudolf Müller mohl zakoupit v Egyptě a přivezl s sebou do Ameriky. Morgan byl myšlenkou nadšen a slovo dalo slovo.

V roce 1926 Rudolf Müller za účelem získání mumie odcestoval do Egypta a za pomoci Reginalda Engelbacha (1888–1946) získal rakev s mumií, které britský egyptolog na základě úrovně tehdejšího poznání datoval do Ptolemaiovské doby (ve skutečnosti pocházejí z období vlády núbijské 25. dynastie). Po zaplacení vývozních poplatků poslal Müller rakev s mumií prostřednictvím egyptské pobočky firmy H. Müller & Co. z Káhiry vlakem do Port Saídu a odtud lodí do Hamburku.

Rudolfu Müllerovi se však nezdařilo získat americké vízum. Mumie s rakví zatím byla v uskladnění u spediční firmy, za což Müller platil nemalé částky. Domů si ji vzít nemohl, a proto se rozhodl situaci řešit tím, že by ji daroval do muzea. Z blíže neznámých důvodů se rozhodl, že jeho dar nepřipadne Egyptskému muzeu v Berlíně, jak by se logicky předpokládalo, ale Národnímu muzeu v Praze. Na konci roku 1927 se obrátil na československý generální konzulát v Drážďanech, který zprostředkoval jednání s Národním muzeem. Muzeum – poté, co si nechalo ověřit pravost rakve i mumie – projevilo o Müllerovu nabídku zájem a záležitost převzal k vyřízení československý konzulát v Berlíně.

Rudolf Müller rakev s mumií Národnímu muzeu daroval s podmínkou, že její transport, jehož se následně ujala firma Paul Schumacher, již bude v plné režii obdarovaného. Dar byl do Prahy předán na počátku roku 1928. V roce 1940 byla rakev poprvé publikována jako ilustrace k příspěvku Jaroslava Černého do Šustových *Dějin lidstva.*

Taikashet, the Noble Mistress of the House Inv. no. P 625

The journey of Taikashet from Egypt to the National Museum in Prague had some unexpected detours. The mummy and coffin were donated by a Mr Rudolf Müller, a German citizen living in Berlin. Herr Müller decided to settle in the United States in 1925. By coincidence, a friend of Müller's told him that a famous banker, magnate and collector John Pierpont Morgan Jr. (1867-1943, son of J. P. Morgan, Sr., 1837-1913, the founder of a world famous bank) was establishing a public museum on Madison Avenue and had started buying antiquities, while offering reasonable prices to dealers. Müller's friend took initiative and asked Morgan if he would be interested in a genuine Egyptian mummy complete with its coffin, which Rudolf Müller could procure and import to America. Morgan was delighted at the idea and the negotiations began.

Rudolf Müller set out for Egypt with a prospect of obtaining the mummy in 1926 and he enlisted the help of Reginald Engelbach (1888–1946), who indeed assisted him in procuring a mummy and a coffin. The British Egyptologist dated the said antiquities to the Ptolemaic Period (recently re-dated to the 25th Dynasty). Müller paid all requested export fees and sent the mummy plus its coffin from Cairo to Port Said by train and then to Hamburg by ship. The transport was organised by the Egyptian branch of H. Müller and Co.

Rudolf Müller himself, however, failed to obtain an American visa, and the mummy with its coffin consequently waited in the depot where Müller was obliged to pay for its storage. He could not keep it at home and decided eventually to find a different solution – to donate the mummy to a museum. Reasons why he did not opt for the Berlin museum, the most logical choice, are unknown to us. Instead he chose the National Museum in Prague and contacted the Czechoslovak consul general in Dresden, who mediated the interaction with the National Museum. The museum – after the mummy and the coffin were deemed genuine – expressed its interest and the Czechoslovak legation in Berlin was entrusted with further negotiations.

Müller's gift of the mummy to the National Museum had one condition – the receiving party had to arrange its transport, a task which was eventually undertaken by a company named Paul Schumacher. The gift was made in early 1928. The coffin appeared in a publication in 1940, as a plate of the chapter on Egypt by Jaroslav Černý for Josef Šusta's *History of Mankind.*

Rakev

Rakev představuje zářný příklad (vnitřní) antropomorfní rakve z doby vlády 25. dynastie z oblasti Západních Théb. Texty na ní zapsané nám prozrazují jméno její majitelky – „vznešené paní domu Taikašet“ („Núbijka“), dcery paní domu Tamiu (‚Kočka‘) a Itšy“. Taikašet žila a byla pohřbena v hornoegyptských Thébách, kde patřila k vyšším společenským vrstvám.

Vzhledem ke skutečnosti, že ani jeden z jejích rodičů nemá jedno ze jmen, která se dědila mezi členy velkorodin, které během Třetí přechodné doby a na začátku Pozdní doby Théby de facto ovládaly, lze předpokládat, že se snad do jedné z těchto rodin přivdala.

Rakev se skládá ze dvou částí – víka a vany. Základní antropomorfní tvar je doplněn o podstavec a zadní pilastr. Rakev je zdobena pouze zvenku. Trojdílná paruka je plně provedena pouze zepředu. Na hlavě s jasným ženským obličejem je znázorněna supí čelenka, která je typickou ozdobou hlavy pro ženské rakve Pozdní doby. Okolo krku a přes ramena je znázorněn široký náhrdelník tvořený řadami perel, pod nímž se nachází vyobrazení okřídlené bohyně Nut klečící na hieroglyfickém symbolu pro zlato (nub). Následuje široký registr s vyobrazením scény posledního soudu. Úplně vpravo se nachází váhy, na kterých bylo váženo srdce zemřelé a pod nimiž klečí bůh Anup a stvoření Amemait (požíračka srdcí). Dále vlevo je zemřelá majitelka rakve předváděna bohem Thovtem před Usira, který předsedá tribunálu, ideálně sestávajícím ze čtyřiceti dvou bohů, který má nad zemřelou vynést rozsudek. Ve střední části dalšího registru je vyobrazen bůh Anup mumifikující zemřelou, která již v podobě mumie leží na lvích márách. Pod márami jsou vyobrazeny čtyři kanopy a další nádoba užitá při mumifikaci. Po stranách registru stejně jako o registr níž jsou vyobrazeni sokoli se slunečním diskem a ureem na hlavě. Ve spodních rozdělených registrech jsou vyobrazeni čtyři synové boha Hora a bohové Atum, Sokar a Thovt (dvakrát). Následují posvátná Horova oka. Na špičkách nohou je vyobrazena okřídlená bohyně Eset. Okolo všech vyobrazení se nacházejí texty opakující obětní formule a genealogické informace o zemřelé:

„Královská oběť Usirovi-Chentiimentiuovi, velkému bohu, pánu Abydu; Gebovi, knížeti bohů; Atumovi, pánu Héliopole; Ptah-Sokar-Usirovi, mistru tajemství; Anupovi, pánovi posvátné země, jenž je v místě balzamování a který je před božskou svatyní; a Usirovi-Venneferovi, aby oni dali veškeré obětiny – tisíc býků, tisíc ptáků, tisíc kadidel, tisíc pláten, tisíc

The Coffin

The coffin is a prime example of an inner anthropoid receptacle of a Dynasty 25 type, as produced in Western Thebes. Texts on its surface give the name and titles of its owner – “the noble mistress of the house, Taikashet” (= “The Nubian”), daughter of the mistress of the house, Tamiu (“The Cat”) and Itesha”. Taikashet lived and was buried in the Upper Egyptian city of Thebes and she belonged to upper echelons of the Theban society. However, neither of her parents bore a name which would associate them with any influential Theban families, de facto rulers of Thebes during the Third Intermediate and Late Periods. It is therefore likely that Taikashet may have married into one of these wealthy clans.

The coffin has the two usual parts – a lid and a casket. It has a simple anthropoid shape with a back pillar and a small pedestal. The decoration is limited only to the outer surfaces and the usual tripartite wig is fully modelled on the lid alone. The face is clearly female and framed with the vulture cap, a characteristic decoration for female coffins of the Late Period. The neck and shoulders are covered with a wide necklace formed of rows of beads. Below the lowermost row of beads on the necklace, there is a winged figure of the goddess Nut kneeling on a hieroglyphic symbol for gold. Below Nut, the coffin bears a broad register with a scene of the judgement of the dead. Inside the register, there is a scale with the heart of the deceased on its right side, accompanied by a kneeling figure of Anubis and Ammit – the Devourer. The deceased is coming from the left and is led by Thoth in the presence of Osiris who presides over a divine tribunal (ideally composed of 42 deities) deciding the eternal destiny of the coffin owner. A lower register shows the deceased as a mummy on a lion-shaped bier. Canopic jars and another vessel used during the mummification process are depicted under the bier. This scene and the following register are accompanied by hawks with solar disks. The lowest registers contain the four sons of Horus and figures of Atum, Sokar and Thoth (present twice). The bottom end of the lid is further decorated with Eyes of Horus and a winged figure of Isis, positioned on the coffin’s tiptoes. All the figures are accompanied with short texts of offering formulae and the filiation of the deceased:

“The offering the king gives to Osiris-Khentiamenti, great god, the Lord of Abydos; to Geb, the prince of the Gods; to Atum, lord of Heliopolis; to Ptah-Sokar-Osiris, master of secrets; to Anubis, lord of the sacred land, who is in the embalming place, who is in front of the divine shrine; Osiris-Wennefer, so that they give all the offerings of a thousand of bulls, a thousand of birds, a thousand of incense, a thousand of cloth, a thousand of every good, pure, delightful and

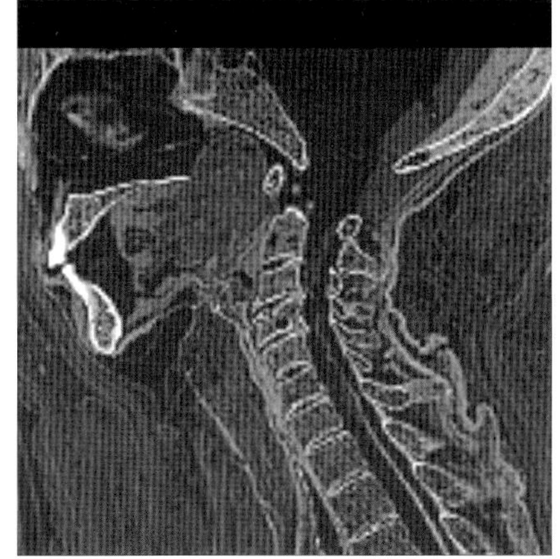

[7.A] Krk: výplň dutiny ústní, pravděpodobně jazyk, a degenerativní změny krčního úseku páteře / Neck: residual material in the buccal cavity, probably the tongue, and degenerative changes of the cervical spine

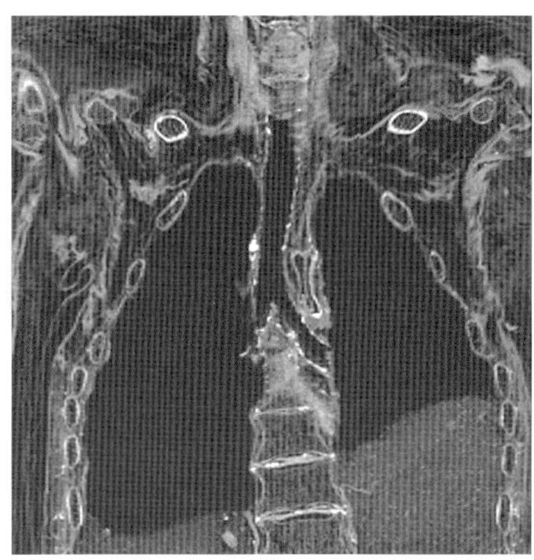

[7.B] Hrudník: zachovaná průdušnice / Thorax: the preserved windpipe

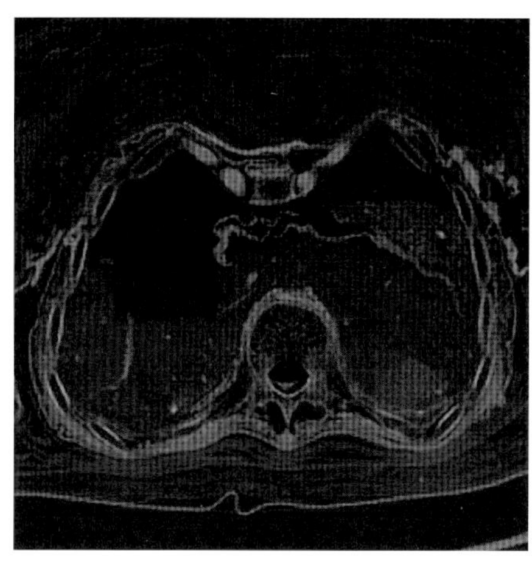

[7.C] Hrudník: vpáčená hrudní kost / Thorax: pectus excavatum

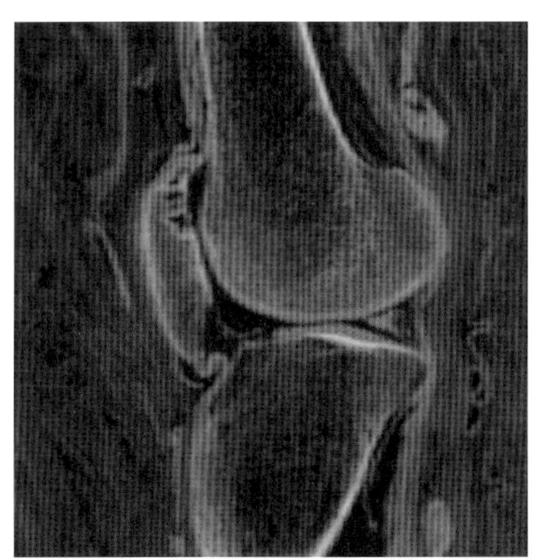

[7.D] Koleno: degenerativní změny / Knee: degenerative changes

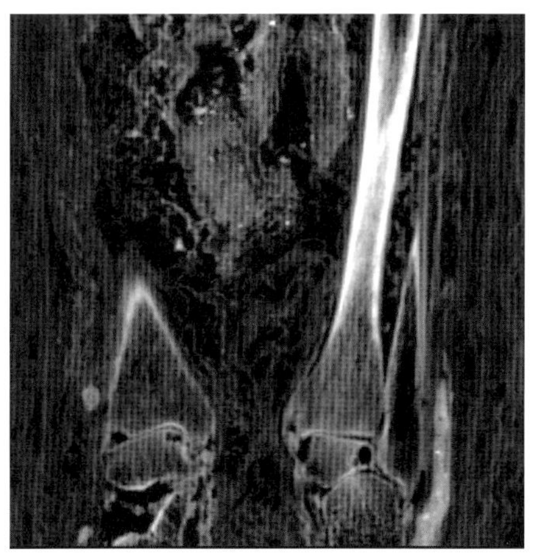

[7.E] Hlezenní klouby: degenerativní změny / Ankle joints: degenerative changes

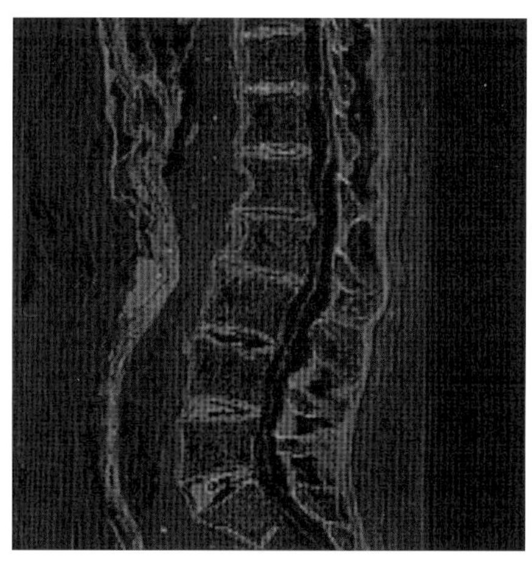

[7.F] Bederní páteř: degenerativní změny / Lumbar spine: degenerative changes

od každé dobré, čisté, sladké a lahodné věci pro ka Usira, vznešené paní domu Taikašet, ospravedlněné, dcery Itšy, ospravedlněného, jejíž matka je paní domu Tamiu, ospravedlněná.“
Výzdobě dna rakve dominuje obrovský sloupek *džed* (symbol trvání). Po stranách jsou potom v řádcích zapsané texty, velmi podobné těm z víka. Paruka je ztvárněna pomocí pruhů, barevně sladěných s ostatní výzdobou dna.

Mumie
Tělo zemřelé je zabaleno do velmi silné vrstvy obvazů, jež jsou stále překryty prostým rubášem, který je k mumii přichycen popruhy. Rubáš je na několik místech protržen. Textilní obvazy mumie jsou velmi dobře zachované.

Vyšetření výpočetní tomografií
Lebka je nepoškozená se známkami osteoporózy. Mozek byl vyňat skrze velký týlní otvor. V týlní části je srpkovitá kolekce pryskyřice. Očnice jsou vyplněné formovaným, ohraničeným obsahem, který imituje tvar očí. V dutině ústní se nachází měkko-tkáňová struktura, pravděpodobně zbytky jazyka.
Chrup zemřelé je velmi poškozen jednak při obroušení kousacích ploch s četnými kazy a pozánětlivými změnami.
Na páteři jsou deformity obratlů podmíněné věkem. Hrudník je deformovaný s vpáčenou hrudní kostí *(pectus excavatum)*, představující vrozenou vývojovou anomálii. Je zachovaná průdušnice s částmi hlavních průdušek a patrné jsou i tkáňové zbytky mezihrudí. Hrudník a břicho jsou vyplněny vrstvícím se obsahem s ustálenou hladinou mumifikačního materiálu.
Na kloubech kyčelních, koleních a hlezenných jsou pokročilé degenerativní změny podmíněné věkem se známkami osteoporózy (řídnutí kostí). Horní končetiny jsou uloženy podélně paralelně, ruce na pánvi.
Žena zemřela ve věku 50 až 60 let. Počítačová tomografie nám bohužel neumožňuje určit příčinu smrti.

sweet thing for the ka of Osiris the noble mistress of the house Taikashet, justified, daughter of Itsha (?), justified, her mother being the mistress of the house Tamiu, justified.”
The decoration of the coffin‘s bottom consists of a large depiction of the *djed* pillar (a symbol of duration), accompanied by texts of a similar character to the inscriptions on the lid. The wig is indicated with stripes, their colour fitting into the decorative scheme.

The Mummy
The body of the deceased is wrapped in a thick layer of bandages with a well-preserved outer shroud kept in place by several wide sashes. The shroud is slightly torn in several places, but the overall state of preservation of the textile bandages is very good.

The CT Scanning
The skull is intact and shows only minor traces of osteoporosis. The excerebration was executed through the foramen magnum. The occipital area contains the remnants of resin, which forms a crescent-like accumulation. The eye sockets are filled with material shaped to imitate eyeballs. The buccal cavity has residual organic material (remnants of the tongue).
The dentition is rather decayed due to abrasion and contains frequent caries as well as traces of inflammation.
The spine shows evidence of vertebral deterioration appropriate for the age of the mummy. The chest has a deformed sternum, causing pectus excavatum, a congenital anomaly. The windpipe is still preserved as are fragments of bronchus tissue. Some tissue remnants of the mediastinum are also discernible. The thorax and belly are filled with mummification substances which formed a liquid content. Hip, knee and ankle joints show signs of degenerative changes and osteoporosis. The upper limbs were laid parallel to the body and the hands were placed on the pelvis. The woman died between the age of 50 and 60 years. The cause of death could not be established by means of the radiological examination.

CT snímky
CT Scans

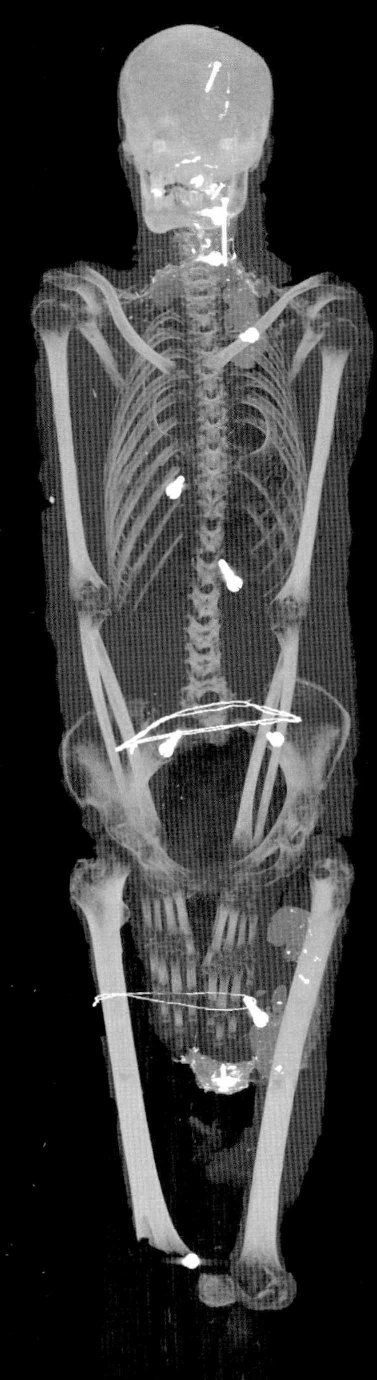

Beznohý / The Footless Gentleman
Inv. č. / Inv. No. P 633

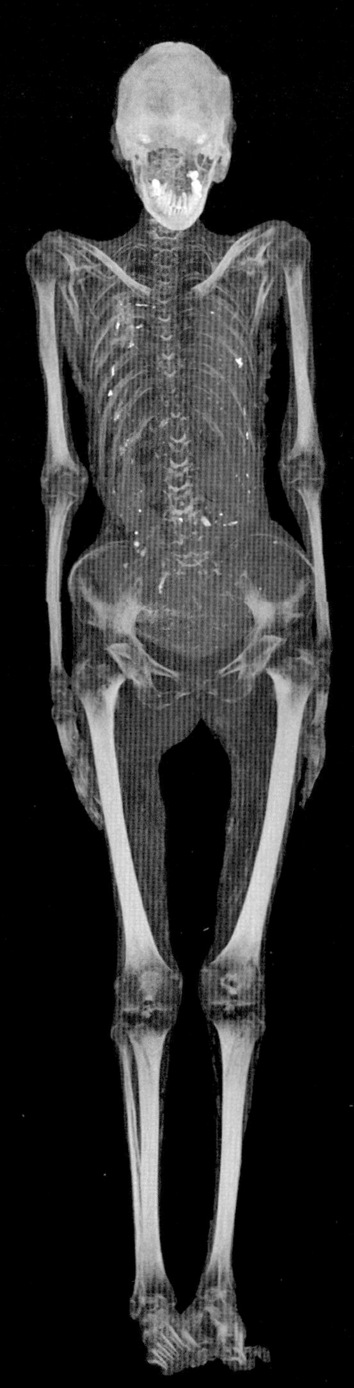

Princezna / Princess
Inv. č. / Inv. No. P 634

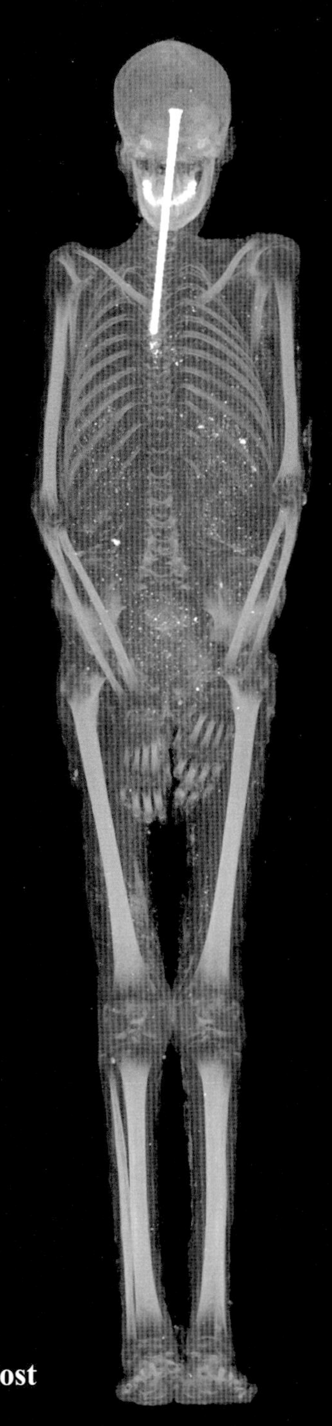

Mostecká mumie / The Mummy of Most
Inv. č. / Inv. No. P 629

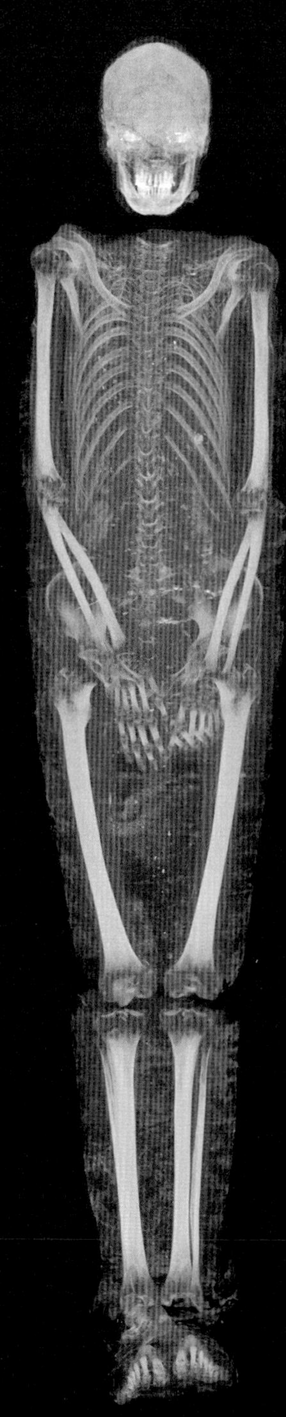

Nianchhapi / Nyankhhapi
Inv. č. / Inv. No. P 6184

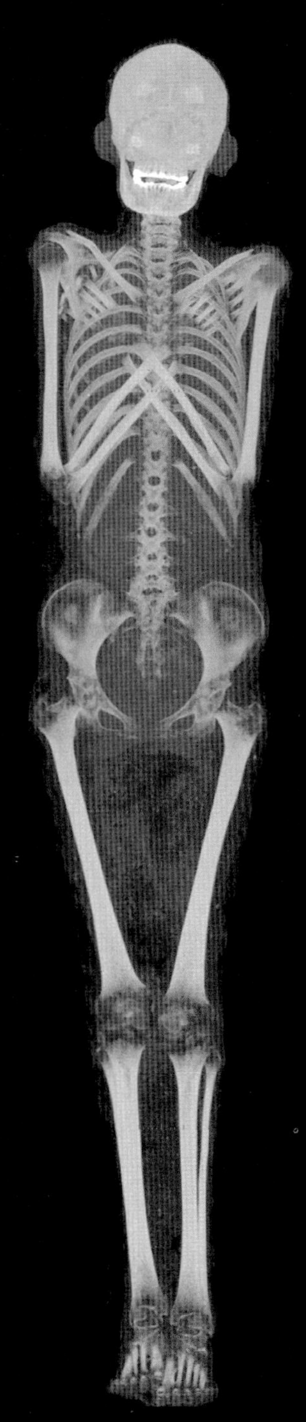

Haruška / Harushka
Inv. č. / Inv. No. P 6185

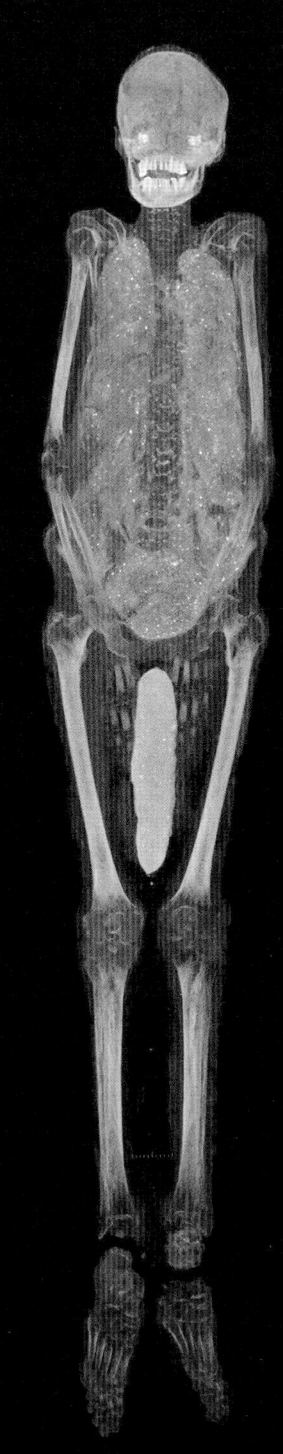

Gamhúdice / The Gamhudite
Inv. č. / Inv. No. P 624

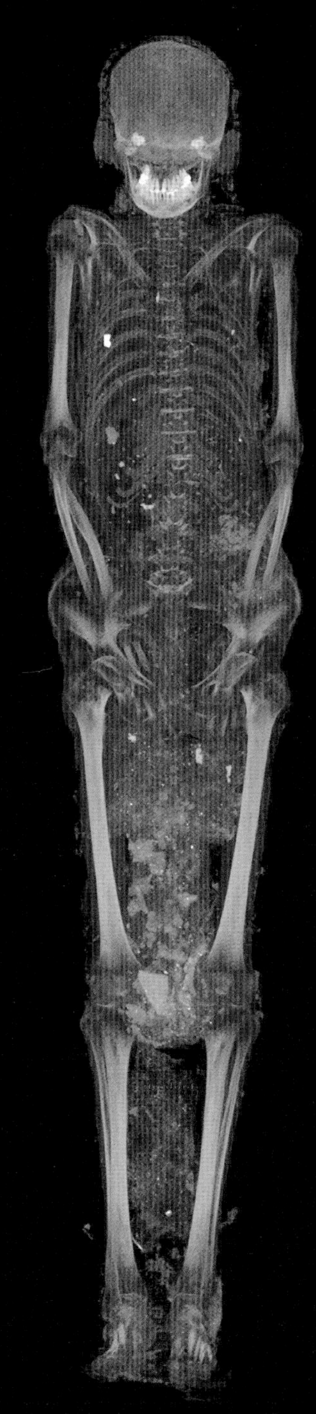

Tajkašet / Taikashet
Inv. č. / Inv. No. P 625

Bibliografie / Bibliography:

Drenkhahn, Rosemarie – Renate Germer (eds.): Mumie und Computer II, Kestner-Museum, Hannover, 2003;

Ikram, Salima – Aidan Dodson: Mummy in Ancient Egypt: Equipping the Dead for Eternity, Thames and Hudson: London, 1998;

Ikram, Salima (ed.): Divine Creatures. Animal Mummies in Ancient Egypt, American University in Cairo: Cairo, 2005;

Kamal, Ahmed Bey: "Fouilles à Gamhoud", in: Annals du Service des Antiquités de l'Égypte 9, 1907, pp. 8–30;

Mynářová, Jana – Pavel Onderka (eds.): Théby. Město bohů a faraonů / Thebes. City of Gods and Pharaohs, Národní muzeum: Praha, 2007;

Onderka, Pavel: Núbie v dobách faraonů, Národní muzeum: Praha 2006;

Onderka, Pavel: "Three Coffins with Mummies from the Graeco-Roman Cemetery at Gamhud in the Collections of the Náprstek Museum – Preliminary Report", in: Annals of the Náprstek Museum 31, Národní muzeum: Praha, 2010, pp. 75–88;

Onderka, Pavel – Petra Maříková Vlčková – Jana Mynářová (eds.): Objevování země na Nilu / Discovering the Land on the Nile, Národní muzeum: Praha, 2008;

Pavlasová, Sylva: Země pyramid a faraonů / The Land of Pyramids and Pharaohs, Národní muzeum: Praha 1997;

Raven, Maarten – Wybren K. Taconis – R. W. R. J. Dekker: Egyptian Mummies: Radiological Atlas of the Collections in the National Museum of Antiquities at Leiden, Brepols: Turnhout, 2005;

Strouhal, Eugen – Luboš Vyhnánek: Egyptian Mummies in Czechoslovak Collections, Národní muzeum: Praha, 1980;

Szymańska, H. – Barbaj, K.: Mummy. Results of Interdisciplinary Examination of the Egyptian Mummy of Aset-iri-khet-es from the Archaeological Museum in Cracow, Polish Academy of Science: Kraków, 2001;

Verner, M.: Altägyptische Särge in den Museen und Sammlungen der Tschechoslowakei, Univerzita Karlova: Praha, 1982;

Vörös, G.: Sharuna – Gamhud. The Archaeological Mission of the Austro-Hungarian Monarchy in Egypt 1907–1908; The Legacy of Philip Back de Surány, Egypt Excavation Society of Hungary: Budapest, 2008.

Jiří Bučil – Lubica Oktábcová – Pavel Onderka – Jakub Pečený – Evžen Strouhal

EGYPTSKÉ MUMIE / EGYPTIAN MUMMIES

Texty / Texts: Jiří Bučil, Michal Lukeš, David Karásek, Lubica Oktábcová, Pavel Onderka, Jakub Pečený, Evžen Strouhal
Překlad / Translation: Hana Navrátilová
Fotografie / Photos: Národní muzeum, Diagnostické centrum MEDISCAN; Pavel Onderka, Jiří Vaněk

Národní muzeum
Václavské náměstí 68
CZ 115 79 Praha 1

1. vydání, náklad 2000 ks

Výroba: ALADIN agency & tiskárna RESL

ISBN 978-80-7036-309-6